新汉语水平考试真题集
HSK 三级

国家汉办/孔子学院总部　编制

《新汉语水平考试（HSK）真题集》编委会

主 任：许 琳

副主任：胡志平　马箭飞

编 委：（按姓氏笔画顺序排列）

于 潇	王 蕊	王文静	王世华	王保保	过晔青
曲玉彬	朱 攀	刘 利	刘 莉	刘子君	衣 然
闫佳佳	杨 迪	杨 桦	杨书俊	杨秀梅	李 铁
李亚男	李佩泽	肖 敏	肖佳佳	何卫苹	张 茹
张 晨	张泉慧	张晋军	张铁英	张慧君	陈 珵
陈中源	陈永秀	陈宝会	陈真华	罗 民	周高宇
胡 逸	胡春玲	徐 嘉	唐 煜	程 缅	谢欧航
解妮妮	慕亚东	蔡 玉	戴 全		

前　言

1989年，汉语水平考试（HSK）在国内正式组织实施。1991年，HSK推向海外。2007年底，真正意义上的第一套HSK真题集《汉语水平考试（HSK）真题集》出版发行，这中间经历了漫长的19年。2009年11月，新汉语水平考试在海内外正式推出，2010年下半年，《新汉语水平考试（HSK）真题集》将相继面市，这从一个侧面反映了新HSK与旧HSK的不同，它不仅体现在考试内容、考试形式上，也体现在考试推广理念及工作效率上。

1964年，"托福"正式开考；1989年"雅思"投入运作。2004年，"雅思"开始尝试使用"一次性试题"，所有的试题只会被使用一次；2005年，"新托福"正式开考，同样决定考过的试题不再使用。从1996年开始，《剑桥雅思全真试题》开始出版，目前已出版7本；"新托福"自开考以来，就在官网上公示了两套真题。这是以前所不曾有过的，经过十数乃至数十年的发展，两大英语考试之所以改弦更张，一方面是应对"应试培训"的冲击，维护考试的科学性、权威性，是与时俱进，是从善之举；另一方面，也与其对考试本质认识的改变有关：考试不应该仅仅是一把冰冷的"尺子"，还应该是一把温润的"拐杖"；考试不是最终目的，帮助考生掌握、提高语言交际能力才是真正目的；考试与考生的关系，不能再狭隘地仅仅理解为裁判员和运动员的关系，还应是教练员与运动员的关系，考试不能再一味地"避嫌"，而要主动地去指导考生。

新HSK对此有相同的认识，用同样的思维方式来看待和处理相关问题。考生有权接触大量的、质量较高的试题，而不是只能去选择"坊间"粗制滥造的仿真试卷、模拟题集。新HSK试题也是一次性的，今后，我们会继续定期或不定期地将使用过的真题集结成册，出版发行。

新HSK遵循"考教结合""考试为学习服务"的原则，一定程度上，考试要兼具教学、培训的功效，真题集只是践行这一原则的第一步。稍后，《新HSK词汇手册》《新HSK学用读本》甚至新HSK教材都将次第绽放，从而推动新HSK成为源自考试系统但又高于考试系统的一个学习系统大品牌。

《新汉语水平考试（HSK）真题集》共 7 册（含口试），每册包含相应等级的 5 套真题。真题集首先可以为汉语作为第二语言教学及培训领域相关人员提供参考；其次，可以为新 HSK 命题员提供参考；第三，也是最重要的一点，可以帮助考生熟悉考试题型、考试流程，以保证他们能在考场上将自己的真实水平顺利地予以展现。

新 HSK 是新生事物，还有待时间的检验，需要进一步完善。我们衷心地欢迎考生及各界人士能将您的意见和建议反馈我们，以使新 HSK 日臻完善，精益求精。

编 者
2010 年 6 月 24 日

目 录

H31001 卷试题 ··· 1

H31001 卷听力材料 ·· 16

H31001 卷答案 ··· 22

H31002 卷试题 ··· 25

H31002 卷听力材料 ·· 40

H31002 卷答案 ··· 46

H31003 卷试题 ··· 49

H31003 卷听力材料 ·· 64

H31003 卷答案 ··· 70

H31004 卷试题 ··· 73

H31004 卷听力材料 ·· 88

H31004 卷答案 ··· 94

H31005 卷试题 ··· 97

H31005 卷听力材料 ·· 112

H31005 卷答案 ··· 118

新汉语水平考试
HSK（三级）

H31001

注　　意

一、HSK（三级）分三部分：

　　1. 听力（40题，约35分钟）

　　2. 阅读（30题，30分钟）

　　3. 书写（10题，15分钟）

二、听力结束后，有5分钟填写答题卡。

三、全部考试约90分钟（含考生填写个人信息时间5分钟）。

中国　北京　　　　　　　　　国家汉办/孔子学院总部　编制

一、听 力

第一部分

第 1-5 题

A　　　　　　　　　　　B

C　　　　　　　　　　　D

E　　　　　　　　　　　F

例如：男：喂，请问张经理在吗？

女：他正在开会，您半个小时以后再打，好吗？　　D

1. □
2. □
3. □
4. □
5. □

第 6-10 题

A

B

C

D

E

6. ☐
7. ☐
8. ☐
9. ☐
10. ☐

- 4 -

第 二 部 分

第 11-20 题

例如：为了让自己更健康，他每天都花一个小时去锻炼身体。

　　★ 他希望自己很健康。　　　　　　　　　　　　　　　(✓)

　　今天我想早点儿回家。看了看手表，才 5 点。过了一会儿再看表，还是 5 点，我这才发现我的手表不走了。

　　★ 那块儿手表不是他的。　　　　　　　　　　　　　(×)

11．★ 北京话和普通话是相同的。　　　　　　　　　　　(　　)

12．★ 会议室在 8 层。　　　　　　　　　　　　　　　　(　　)

13．★ 他已经到了。　　　　　　　　　　　　　　　　　(　　)

14．★ 这是辆旧车。　　　　　　　　　　　　　　　　　(　　)

15．★ 小孩子爱吃蛋糕。　　　　　　　　　　　　　　　(　　)

16．★ 他在北京玩了很多地方。　　　　　　　　　　　　(　　)

17．★ 周明坐火车时喜欢看报纸。　　　　　　　　　　　(　　)

18．★ 他喜欢音乐，也喜欢运动。　　　　　　　　　　　(　　)

19．★ 她对自己的工作没兴趣。　　　　　　　　　　　　(　　)

20．★ 他们在买空调。　　　　　　　　　　　　　　　　(　　)

- 5 -

第三部分

第 21-30 题

例如：男：小王，帮我开一下门，好吗？谢谢！
　　　女：没问题。您去超市了？买了这么多东西。
　　　问：男的想让小王做什么？

　　　　　　　A 开门 ✓　　　　B 拿东西　　　　C 去超市买东西

21.　A 迟到了　　　　B 生病了　　　　C 生气了

22.　A 教室　　　　　B 机场　　　　　C 宾馆

23.　A 有两只　　　　B 爱跳舞　　　　C 是新来的

24.　A 一次　　　　　B 两次　　　　　C 三次

25.　A 商店　　　　　B 书店　　　　　C 学校东门

26.　A 汉语　　　　　B 历史　　　　　C 数学

27.　A 喜欢看球赛　　B 喜欢打篮球　　C 喜欢参加比赛

28.　A 买个新的　　　B 买个贵的　　　C 先借一个

29.　A 上网　　　　　B 爬山　　　　　C 游泳

30.　A 国外　　　　　B 飞机上　　　　C 老地方

第四部分

第 31-40 题

例如：女：晚饭做好了，准备吃饭了。
　　　男：等一会儿，比赛还有三分钟就结束了。
　　　女：快点儿吧，一起吃，菜冷了就不好吃了。
　　　男：你先吃，我马上就看完了。
　　　问：男的在做什么？

　　　　　A 洗澡　　　　　　B 吃饭　　　　　　C 看电视 ✓

31.　A 习惯　　　　　　B 天气　　　　　　C 文化

32.　A 夫妻　　　　　　B 妈妈和儿子　　　　C 爸爸和女儿

33.　A 很矮　　　　　　B 很大　　　　　　C 黄色的

34.　A 多云　　　　　　B 很热　　　　　　C 更冷

35.　A 邻居的　　　　　B 客人的　　　　　C 校长的

36.　A 夏天来了　　　　B 月亮出来了　　　　C 天黑得早了

37.　A 在二层　　　　　B 影响不大　　　　　C 已经结束了

38.　A 不要离开　　　　B 给她写信　　　　　C 有更好的成绩

39.　A 衬衫里　　　　　B 洗手间　　　　　　C 椅子上

40.　A 在洗澡　　　　　B 在睡觉　　　　　　C 在看新闻

- 7 -

二、阅 读

第一部分

第 41-45 题

A 太好了！需要我帮忙吗？

B 今天把我饿坏了，还有什么吃的吗？

C 你最好再检查一下，看还有没有问题。

D 没问题，你就放心吧。

E 当然。我们先坐公共汽车，然后换地铁。

F 这条裤子你花了多少钱？

例如：你知道怎么去那儿吗？　　　　　　　　　　　　　　（ E ）

41．我的作业早就完成了。　　　　　　　　　　　　　　　（　）

42．你先来个苹果，我去给你做碗面条儿。　　　　　　　　（　）

43．我终于有了自己的大房子了，明天就可以搬家了。　　　（　）

44．这几天我不在家，小狗就请你帮我照顾了。　　　　　　（　）

45．姐姐给我买的，我也不太清楚。　　　　　　　　　　　（　）

第 46-50 题

A 银行马上就要关门了。

B 那是我叔叔的儿子,一岁多了。

C 把菜单儿给我,我们喝杯绿茶吧?

D 我的几个同事周末想去北京玩儿,但他们都不会开车。

E 昨天的雨下得非常大,我没带伞。

46. 这个小孩儿胖胖的,真可爱。　　　　　　　　　　(　)

47. 我哥是司机,我问问他,看他有没有时间。　　　　(　)

48. 你怎么又生病了?　　　　　　　　　　　　　　　(　)

49. 没关系,我明天去也可以。　　　　　　　　　　　(　)

50. 好的,我也有些渴了。　　　　　　　　　　　　　(　)

第二部分

第51-55题

A 其实　　B 感冒　　C 附近　　D 舒服　　E 声音　　F 把

例如：她说话的（ E ）多好听啊！

51. 电影马上就要开始了，（　　）手机关了吧。

52. 他很高，这张桌子太低，坐着很不（　　）。

53. 您可以选择火车站（　　）的宾馆，住那儿会更方便。

54. 天气冷，你多穿点儿衣服，小心（　　）。

55. 对一个女人来说，漂亮、聪明都很重要，但（　　）更重要的是快乐。

第 56-60 题

A 刻   B 一直   C 节   D 爱好   E 被   F 打扫

例如：A：你有什么（ D ）？

B：我喜欢体育。

56. A：请问，现在是十一点吗？

B：现在十一点十五了，您的表慢了一（   ）。

57. A：最近怎么（   ）没看见他？

B：他去旅游了，可能这个周末才能回来。

58. A：牛奶呢？

B：一定是（   ）猫喝了。

59. A：你家的厨房真干净！

B：当然了，为了欢迎你，我已经（   ）了两个多小时了。

60. A：买这么多鲜花，今天是谁的生日啊？

B：今天是 9 月 10 日，教师（   ）！这是为老师准备的。

第三部分

第 61-70 题

例如：您是来参加今天会议的吗？您来早了一点儿，现在才 8 点半。您先进来坐吧。

　　★ 会议最可能几点开始？

　　A 8 点　　　　　　B 8 点半　　　　　　C 9 点　✓

61. 人们常说：今天工作不努力，明天努力找工作。

　　★ 这句话的意思主要是：

　　A 要努力工作　　　B 明天会更好　　　C 时间过得太快

62. 请大家把黑板上的这些词写在本子上，回家后用这些词语写一个小故事，别忘了，最少写 100 字。

　　★ 说话人最可能是做什么的？

　　A 老师　　　　　　B 学生　　　　　　　C 经理

63. 我对这儿很满意，虽然没有花园，但是离河边很近，那里有草地，有大树，还有鸟；虽然冬天天气很冷，但是空气新鲜，而且房间里一点儿也不冷。

　　★ 使他觉得满意的是：

　　A 没有花园　　　　B 房间很大　　　　　C 离河很近

64. 昨天晚上睡得太晚，今天起床时已经 8 点多了，我刷了牙，洗了脸，就出来了，差点儿忘了关门。到了公司，会议已经开始了。没办法，我只能站在外面等休息时间。

　　★ 他今天早上：

　　A 没复习　　　　　B 迟到了　　　　　　C 忘了关门

65. 我去年春节去过一次上海，今年再去的时候，发现那里的变化非常大。经过那条街道时，我几乎不认识了。

　　★ 根据这段话，可以知道：

　　　　A 现在是春节　　　　B 上海变化很大　　C 上海人很热情

66. 世界真的很小，我昨天才发现，你给小张介绍的男朋友是我妻子以前的同事。

　　★ 小张的男朋友是我妻子：

　　　　A 以前的同事　　　　B 以前的丈夫　　　C 以前的男朋友

67. 下班后，在路上遇到一个老同学。好久没见面，我们就在公司旁边那个咖啡馆里坐了坐，一边喝咖啡一边说了些过去的事，所以回来晚了。

　　★ 根据这段话，可以知道：

　　　　A 他回到家了　　　　B 他正在喝咖啡　　C 咖啡馆在公园旁边

68. 小刘是一位小学老师，教三年级的数学，他虽然很年轻，但是课讲得很好，同学们都很喜欢他。

　　★ 学生为什么喜欢刘老师？

　　　　A 很年轻　　　　　　B 课讲得好　　　　C 对学生要求高

69. 今天12号了，晚上陈阿姨要来家里，家里有菜，有鱼，还有些羊肉，但是没有水果了，你去买些香蕉、葡萄吧，再买个西瓜？

　　★ 家里需要买什么？

　　　　A 鸡蛋　　　　　　　B 水果　　　　　　C 果汁

70. 有人问我长得像谁，这个问题不太好回答。家里人一般觉得我的鼻子和耳朵像我爸爸，眼睛像我妈妈。

　　★ 关于他，下面哪个是对的？

　　　　A 头发很长　　　　　B 不像妈妈　　　　C 鼻子像爸爸

三、书 写

第一部分

第 71-75 题

例如：小船   上   一   河   条   有

　　　河上有一条小船。

71．弟弟   笑了   高兴地

72．简单   上午的考试   比较

73．越来越好   变得   这个城市的环境   了

74．送给他   那位   医生   一个礼物

75．其他班的成绩   有   也   很大   提高

第 二 部 分

第76-80题

例如：没（ 关^{guān} ）系，别难过，高兴点儿。

76. 医院离这儿很远，我们坐（ 出^{chū} ）租车去吧。

77. 一（ 元^{yuán} ）是10角，一角是10分。

78. 我不认识他，你知道他姓什么、（ 叫^{jiào} ）什么吗？

79. （ 中^{Zhōng} ）间穿红裙子的一定是他妹妹。

80. 我已经饱了，不想吃（ 米^{mǐ} ）饭了。

H31001 卷听力材料

（音乐，30 秒，渐弱）

大家好！欢迎参加 HSK（三级）考试。
大家好！欢迎参加 HSK（三级）考试。
大家好！欢迎参加 HSK（三级）考试。

HSK（三级）听力考试分四部分，共 40 题。
请大家注意，听力考试现在开始。

第一部分

一共 10 个题，每题听两次。

例如：男：喂，请问张经理在吗？
　　　女：他正在开会，您半个小时以后再打，好吗？

现在开始第 1 到 5 题：

1. 女：你一直看手表，有什么着急的事情吗？
   男：我九点前必须回到办公室，经理有事情找我，再见。

2. 男：你想什么呢？要出去吗？
   女：明天同学结婚，我在想穿哪双鞋好呢。

3. 女：你每天都骑自行车上下班？
   男：是，我骑了四个月了，一共瘦了六斤。

4. 男：真的不需要吃药吗？
   女：不需要，回去多喝水，休息两天就好了。

5. 女：你看，上次出现的问题，我已经解决了。
   男：好极了！只是你要注意身体，我记得你有一个多星期没去跑步了。

现在开始第 6 到 10 题：

6. 男：他总是哭，有什么办法可以让他不哭吗？
   女：给他一块儿糖，或者和他做游戏。

7. 女：这个电子词典的作用大不大？
   男：很大，我做练习的时候，它很有帮助。

8. 男：眼镜，帽子，地图，啤酒，一个也不能少。
   女：好了，准备得很认真，我相信你已经准备好了。

9. 女：我做饭，你洗盘子和碗，怎么样？
   男：那还是我做饭吧，我愿意做饭。

10. 男：告诉我你想看什么节目。
    女：没什么好看的，我还是读我的书吧。

第二部分

一共10个题，每题听两次。

例如：为了让自己更健康，他每天都花一个小时去锻炼身体。
★ 他希望自己很健康。

今天我想早点儿回家。看了看手表，才五点。过了一会儿再看表，还是五点，我这才发现我的手表不走了。
★ 那块儿手表不是他的。

现在开始第11题：

11. 我以前以为北京话就是普通话，到北京两年后，我才发现不是这样的。
    ★ 北京话和普通话是相同的。

12. 你明天到办公室找我，我在七零七；如果我不在，你就上八楼，到八零三会议室找我，我可能在那儿开会。
    ★ 会议室在八层。

13. 我已经从图书馆出来了，那几本书都还了，你们等我一会儿，我很快就到。
    ★ 他已经到了。

14. 这辆车现在能卖十万块钱吧，我两年前买的时候花了二十多万。
    ★ 这是辆旧车。

15. 有些人不喜欢吃蛋糕，是因为太甜了；有些人不喜欢吃蛋糕，是因为害怕长胖。但小孩子看见蛋糕是不会客气的，他们认为蛋糕越甜越好吃。
    ★ 小孩子爱吃蛋糕。

16. 我这次来北京，只能住三天，所以我只能选择一两个最有名的地方去看看，以后有机会再去别的地方。
    ★ 他在北京玩了很多地方。

17. 每次坐火车前，周明都会去超市买一些东西，除了面包、水果，他还要买一些报纸。
    ★ 周明坐火车时喜欢看报纸。

18. 他有很多爱好，唱歌、画画儿、踢足球、玩儿音乐，什么都会，而且水平也都特别高。
    ★ 他喜欢音乐，也喜欢运动。

19. 她每天到办公室的第一件事就是打开电脑，看电子邮件，然后才开始别的工作。
    ★ 她对自己的工作没兴趣。

20. 您先看看这种颜色的怎么样？这种手机很便宜，只要两千多块钱。它还可以照相，现在卖得很不错。
    ★ 他们在买空调。

第三部分

一共 10 个题，每题听两次。

例如：男：小王，帮我开一下门，好吗？谢谢！
　　　女：没问题。您去超市了？买了这么多东西。
　　　问：男的想让小王做什么？

现在开始第 21 题：

21. 女：大家都很关心您的身体，现在好些了吗？
    男：没事，不用担心。就是感冒发烧，很快就会好的。
    问：男的怎么了？

22. 男：服务员，我房间里的灯坏了。
    女：好的，先生，我马上让人来换一个。
    问：他们最可能在哪里？

23. 女：真奇怪，动物园里今天怎么这么安静？
    男：大家都在那边儿看新来的大熊猫呢。
    问：关于大熊猫，可以知道什么？

24. 男：又下雪了！今年下过几次雪了？
    女：已经下过两次了，这是第三次了。
    问：今年下了几次雪了？

25. 女：我现在就在学校西门，但我没找到你说的书店。
    男：你再向南走两百米就能看到了，我就在书店门口等你。
    问：女的要去哪儿？

26. 男：我看您对中国历史很了解，您是教历史的吗？
    女：不是，我是教数学的，但我对历史很有兴趣。
    问：女的是教什么的？

27. 女：你喜欢踢足球吗？
    男：我很少踢足球，但是我喜欢看足球比赛。
    问：男的主要是什么意思？

28. 男：这个冰箱太旧了，我们买个新的吧。
    女：同意，去年我就跟你说应该换一个新的了。
    问：女的希望怎么样？

29. 女：休息一下吧，我现在腿也疼，脚也疼。上来的时候我怎么没觉得这么累。
    男：上山容易下山难，你不知道？
    问：他们做什么了？

30. 男：我明天早上的飞机，今天中午有时间见个面吗？
    女：好的，那我们还是老地方见。
    问：他们打算在哪儿见面？

第四部分

一共10个题，每题听两次。

例如：女：晚饭做好了，准备吃饭了。
    男：等一会儿，比赛还有三分钟就结束了。
    女：快点儿吧，一起吃，菜冷了就不好吃了。
    男：你先吃，我马上就看完了。
    问：男的在做什么？

现在开始第31题：

31. 男：刚才天气多好啊，突然就刮起大风了。
    女：北方的秋天就是这样的。
    男：你是南方人，你们那儿这个季节怎么样？
    女：也刮风，但没有这么大。
    问：他们在说什么？

32. 女：你准备了几双筷子？
    男：三双啊。
    女：再拿两双，你爷爷奶奶一会儿就过来，我们一起吃。
    男：好，妈，碗在哪儿呢？
    问：说话人最可能是什么关系？

33. 男：我帮您拿行李吧。
    女：好的，谢谢你。那个蓝色的是我的。
    男：哪个是您的？
    女：右边那个最大的，蓝色的，上面有我的名字。
    问：那个行李箱是什么样的？

34. 女：明天是晴天还是阴天？
    男：晴天，比今天冷。
    女：那没关系，我不怕冷，我明天要穿我的新裙子。
    男：你决定了？好，我看你明天敢不敢穿。
    问：明天天气怎么样？

35. 男：李老师，您有两个孩子？
    女：不，我只有一个女儿。
    男：那照片上的这个女孩儿是谁？
    女：那是我们邻居的女儿，我女儿的好朋友。
    问：那个女孩儿是谁的孩子？

36. 女：现在天"短"了。
    男：天"短"了是什么意思？我没听懂。
    女：就是说白天的时间短了，天黑的时间早了，明白了？
    男：我明白了，就是晚上的时间长了，白天的时间短了。
    问：天"短"了表示什么意思？

37. 男：小姐，请问表演什么时候开始？
    女：下午两点半。
    男：谢谢，现在可以进去了吗？
    女：当然可以，我先看一下您的票，好，您向左走，坐电梯上二层。
    问：关于表演，下面哪个是对的？

38. 女：听说你要去国外读书？
    男：是，下周五的飞机。
    女：那祝你在新的一年里学习更上一层楼。
    男：谢谢您！
    问：女的希望男的怎么样？

39. 男：我的护照在你包里吗？
    女：没有啊，只有我的。你的放哪儿了？
    男：奇怪，我记得给你了。
    女：你看看，在你自己的衬衫里呢。
    问：护照是在哪儿找到的？

40. 女：你在忙什么呢？刚才打你的手机你也不接。
    男：对不起，我刚洗了个澡，没听见，有什么事吗？
    女：我想问问你公司里的一些事情。
    男：你等一下，我去把电视的声音关小一些。
    问：男的刚才为什么没接电话？

听力考试现在结束。

H31001 卷答案

一、听 力

第一部分

1. B   2. C   3. E   4. F   5. A
6. B   7. C   8. A   9. D   10. E

第二部分

11. ×   12. √   13. ×   14. √   15. √
16. ×   17. √   18. √   19. ×   20. ×

第三部分

21. B   22. C   23. C   24. C   25. B
26. C   27. A   28. A   29. B   30. C

第四部分

31. B   32. B   33. B   34. C   35. A
36. C   37. A   38. C   39. A   40. A

二、阅 读

第一部分

41. C   42. B   43. A   44. D   45. F
46. B   47. D   48. E   49. A   50. C

第二部分

51. F   52. D   53. C   54. B   55. A
56. A   57. B   58. E   59. F   60. C

第三部分

61. A   62. A   63. C   64. B   65. B
66. A   67. A   68. B   69. B   70. C

三、书 写

第一部分

71. 弟弟高兴地笑了。
72. 上午的考试比较简单。
73. 这个城市的环境变得越来越好了。
74. 那位医生送给他一个礼物。
75. 其他班的成绩也有很大提高。

第二部分

76. 出
77. 元
78. 叫
79. 中
80. 米

国家汉办/孔子学院总部
Hanban/Confucius Institute Headquarters

新汉语水平考试
HSK（三级）

H31002

注　　意

一、HSK（三级）分三部分：

　　1．听力（40题，约35分钟）

　　2．阅读（30题，30分钟）

　　3．书写（10题，15分钟）

二、听力结束后，有5分钟填写答题卡。

三、全部考试约90分钟（含考生填写个人信息时间5分钟）。

中国　北京　　　　　　　　　　国家汉办/孔子学院总部　编制

一、听 力

第一部分

第1-5题

例如：男：喂，请问张经理在吗？

女：他正在开会，您半个小时以后再打，好吗？ D

1. ☐
2. ☐
3. ☐
4. ☐
5. ☐

第 6-10 题

A

B

C

D

E

6. ☐
7. ☐
8. ☐
9. ☐
10. ☐

第 二 部 分

第 11-20 题

例如：为了让自己更健康，他每天都花一个小时去锻炼身体。

　　★ 他希望自己很健康。　　　　　　　　　　　　　　(✓)

　　今天我想早点儿回家。看了看手表，才 5 点。过了一会儿再看表，还是 5 点，我这才发现我的手表不走了。

　　★ 那块儿手表不是他的。　　　　　　　　　　　　(✗)

11．★ 弟弟正在看电视。　　　　　　　　　　　　　　(　　)

12．★ 这个题很难。　　　　　　　　　　　　　　　　(　　)

13．★ 宾馆旁边有个公园。　　　　　　　　　　　　　(　　)

14．★ 他不喜欢小狗。　　　　　　　　　　　　　　　(　　)

15．★ 他这个周末去看电影。　　　　　　　　　　　　(　　)

16．★ 妈妈晚上不在家吃饭。　　　　　　　　　　　　(　　)

17．★ 房间里很冷。　　　　　　　　　　　　　　　　(　　)

18．★ 花园不大。　　　　　　　　　　　　　　　　　(　　)

19．★ 他要去学校。　　　　　　　　　　　　　　　　(　　)

20．★ 比赛要求有变化。　　　　　　　　　　　　　　(　　)

第三部分

第21-30题

例如：男：小王，帮我开一下门，好吗？谢谢！
　　　女：没问题。您去超市了？买了这么多东西。
　　　问：男的想让小王做什么？

　　　　　　A 开门 ✓　　　　B 拿东西　　　　C 去超市买东西

21. 　A 一直很好　　　　B 需要提高　　　　C 提高很快

22. 　A 住得近　　　　　B 要运动　　　　　C 工作忙

23. 　A 借书　　　　　　B 做游戏　　　　　C 打电话

24. 　A 明天　　　　　　B 春节　　　　　　C 星期日

25. 　A 院长　　　　　　B 校长　　　　　　C 市长

26. 　A 邻居　　　　　　B 老师和学生　　　C 丈夫和妻子

27. 　A 牙疼　　　　　　B 不爱吃　　　　　C 他已经刷牙了

28. 　A 机场　　　　　　B 超市　　　　　　C 地铁

29. 　A 买水果　　　　　B 来接她　　　　　C 去上班

30. 　A 打车　　　　　　B 骑自行车　　　　C 坐公共汽车

第 四 部 分

第 31-40 题

例如：女：晚饭做好了，准备吃饭了。
男：等一会儿，比赛还有三分钟就结束了。
女：快点儿吧，一起吃，菜冷了就不好吃了。
男：你先吃，我马上就看完了。
问：男的在做什么？
　　　　A 洗澡　　　　　　B 吃饭　　　　　　C 看电视 ✓

31. 　A 饭馆　　　　　　B 商店　　　　　　C 医院

32. 　A 哭了　　　　　　B 饿了　　　　　　C 鼻子不舒服

33. 　A 喜欢跳舞　　　　B 经常跑步　　　　C 想去爬山

34. 　A 2　　　　　　　　B 3　　　　　　　　C 4

35. 　A 不胖　　　　　　B 很热情　　　　　C 口渴了

36. 　A 不努力　　　　　B 没兴趣　　　　　C 迟到了

37. 　A 黑色的　　　　　B 蓝色的　　　　　C 绿色的

38. 　A 吃面包　　　　　B 喝果汁　　　　　C 简单点儿

39. 　A 三天　　　　　　B 半年　　　　　　C 还没定

40. 　A 选帽子　　　　　B 选衣服　　　　　C 卖衣服

二、阅 读

第一部分

第 41-45 题

A 这是一个很好的机会，但我对自己的游泳成绩不太满意。

B 我刚才在电梯门口遇到经理了。

C 这儿的冬天就是这样，慢慢地你就习惯了。

D 我的电脑又不能用了，你来帮我看看？

E 当然。我们先坐公共汽车，然后换地铁。

F 你们就别担心了。

例如：你知道怎么去那儿吗？　　　　　　　　　　　　　（ E ）

41．这次比赛，世界很多国家的运动员都来参加。　　　　（ 　 ）

42．外面的风刮得真大！　　　　　　　　　　　　　　　（ 　 ）

43．你那个太旧了，换一个吧。很便宜，就两三千块钱。　（ 　 ）

44．孩子已经18岁了，知道怎么照顾自己。　　　　　　　（ 　 ）

45．他让我告诉你，下午两点半在公司会议室开会。　　　（ 　 ）

第 46-50 题

A 你认识那位先生，是吗？

B 妹妹在北京上大学，三年级。

C 他感冒了，有点儿发烧。

D 女儿第一次骑马的时候比较害怕。

E 叔叔，您愿意教我吗？

46．终于把教室打扫干净了，她洗澡去了。　　（　　）

47．你10岁了？体育怎么样？喜欢打篮球吗？　　（　　）

48．他是我的同事，需要我为你介绍一下吗？　　（　　）

49．那你在家休息几天吧。　　（　　）

50．现在，她觉得那是一件非常快乐的事情。　　（　　）

第二部分

第 51-55 题

A 向　　B 然后　　C 花　　D 筷子　　E 声音　　F 相同

例如：她说话的（ E ）多好听啊！

51. 您站中间就可以了，好，再（　　）左边一点儿，非常好！

52. 服务员，请你再给我拿一双（　　）。

53. 虽然这两个问题有不一样的地方，但是解决的办法是（　　）的。

54. 这次出去旅游，一共去了7个城市，（　　）了一万多块钱。

55. 明天早上我先去银行，（　　）再去找你。

第 56-60 题

A 关心　　B 差　　C 突然　　D 爱好　　E 节目　　F 还

例如：A：你有什么（ D ）？

　　　B：我喜欢体育。

56．A：下一个（　　）是什么？

　　B：下面为大家唱歌的是王医生，歌的名字是《十五的月亮》，大家欢迎！

57．A：我的飞机票呢？怎么（　　）找不到了？

　　B：是不是和报纸放一起了？

58．A：现在几点了？我的手表又坏了。

　　B：我看一下，现在（　　）一刻九点。

59．A：那本书你（　　）了？

　　B：对，没什么意思，而且很多地方看不懂。

60．A：那个药的作用怎么样？脚好些了吗？

　　B：好多了，谢谢您的（　　）。

第 三 部 分

第 61-70 题

例如：您是来参加今天会议的吗？您来早了一点儿，现在才 8 点半。您先进来坐吧。

　　★ 会议最可能几点开始？

　　A 8 点　　　　　　B 8 点半　　　　　　C 9 点　✓

61. 每次经过他家门口的时候，我几乎都能看到他的那只老猫在树下睡觉。

　　★ 那只猫经常在哪儿睡觉？

　　A 树下　　　　　　B 椅子上　　　　　　C 办公室

62. 奶奶经常对我说："吃饭七分饱。""七分"就是 70% 的意思。很多中国人认为"吃饭七分饱"对身体健康很有帮助。

　　★ "吃饭七分饱"是为了：

　　A 健康　　　　　　B 帮助别人　　　　　　C 发现问题

63. 这里的香蕉非常有名，每年 8 月这里会举行一个香蕉节，所以，夏季有很多人来这里玩儿。

　　★ 这个地方：

　　A 常下雪　　　　　B 很有名　　　　　　C 有很多故事

64. 他姓高，但是长得不高，只有一米六。同事们都说："我们以后叫你小高吧。"他笑着回答："当然可以，过去朋友们都这么叫我。"

　　★ 关于他，可以知道什么？

　　A 比较矮　　　　　B 腿很长　　　　　　C 有 60 公斤

65. 太阳从西边出来了吗？他今天怎么这么早就起床了？他一般都要睡到 8 点以后才起床。

★ 根据这段话，可以知道今天：

A 他起得早　　　　B 天气不错　　　　C 他工作很认真

66. 手机使我们的学习、工作越来越方便，除了打电话、写短信外，很多手机还可以照相，有时候真的方便极了。

★ 手机经常被用来：

A 写字　　　　　　B 写短信　　　　　C 做练习

67. "再见"是一个很有意思的词语。"再见"表示"再一次见面"，所以人们离开时说"再见"，其实也是希望以后再见面。

★ "再见"出现在什么时候？

A 关灯　　　　　　B 见面　　　　　　C 离开

68. 西瓜的汁儿多，吃的时候小心点儿，要低下头，不要吃得脸上、衬衫上都是。还有，不要一边吃一边说话。

★ 吃西瓜时须：

A 站着　　　　　　B 低着头　　　　　C 多喝牛奶

69. 你看，这上面写着1.21元，前面的1表示元，中间的2表示角，最后的1表示分。明白了吗？

★ 中间的数字表示：

A 元　　　　　　　B 角　　　　　　　C 分

70. 我是一个中学老师，教学生画画儿。每次下课前，我会把下次学生要带的东西写在黑板上，但每次上课时，总会有学生忘了拿铅笔。

★ 学生会忘记拿什么？

A 画儿　　　　　　B 手表　　　　　　C 铅笔

三、书写

第一部分

第71-75题

例如：小船　　上　　一　　河　　条　　有

　　　河上有一条小船。

71. 先　　菜单　　我们　　看看

72. 她　　带　　忘了　　护照

73. 很　　这些　　葡萄　　新鲜

74. 都　　黑色的　　熊猫的　　眼睛和耳朵　　是

75. 你　　冷水　　洗澡　　用　　敢不敢

第 二 部 分

第 76-80 题

例如：没（ 关^(guān) ）系，别难过，高兴点儿。

76．他一直都很关心别（ 人^(ren) ）。

77．你的头发（ 太^(tài) ）长了，像草一样。

78．就在这条街的东边，有（ 个^(ge) ）眼镜店。

79．今天是晴天，没有（ 云^(yún) ）。

80．我来中国，除了学习汉语，还希望了解更多的中国（ 文^(wén) ）化。

H31002 卷听力材料

（音乐，30秒，渐弱）

大家好！欢迎参加 HSK（三级）考试。
大家好！欢迎参加 HSK（三级）考试。
大家好！欢迎参加 HSK（三级）考试。

HSK（三级）听力考试分四部分，共 40 题。
请大家注意，听力考试现在开始。

第一部分

一共 10 个题，每题听两次。

例如：男：喂，请问张经理在吗？
　　　女：他正在开会，您半个小时以后再打，好吗？

现在开始第 1 到 5 题：

1. 女：喝点儿水吧，今天踢得怎么样？
   男：我们班的水平比他们高，我们进了五个球！

2. 女：每天都要洗碗和盘子，累不累？
   女：不累，我们家那位做饭，我来洗是应该的。

3. 女：十四床的病人今天好些了吧？
   男：好多了，下个星期应该可以出院了。

4. 男：我们是去年秋天结婚的，你看，这张照片就是那会儿照的。
   女：你爱人真漂亮！

5. 女：你看见我的照相机了吗？我记得放在包里了啊。
   男：没看见，别着急，慢慢找。

现在开始第 6 到 10 题：

6. 男：姐，祝您生日快乐！
   女：谢谢你，谢谢你的礼物。

7. 女：喂，出门前再检查检查你的行李，别又忘了什么东西。
   男：这次不会了，已经检查过两次了。

8. 男：你看看这段话这样写怎么样？
   女：除了这个句子意思有些不清楚外，其他都不错。

9. 女：怎么不看新闻了？
   男：世界杯七点半开始，我等了四年了。

10. 女：爸爸年轻的时候真有意思，这是真的吗？
    女：当然是真的，他那时候还特别喜欢送我花。

第二部分

一共10个题，每题听两次。

例如：为了让自己更健康，他每天都花一个小时去锻炼身体。
   ★ 他希望自己很健康。

   今天我想早点儿回家。看了看手表，才五点。过了一会儿再看表，还是五点，我这才发现我的手表不走了。
   ★ 那块儿手表不是他的。

现在开始第11题：

11. 把电视声音关小点儿，你弟弟明天考试，正在复习呢，别影响他。
    ★ 弟弟正在看电视。

12. 你看看这个题？开始大家以为很容易，没想到，到下课也没做出来。
    ★ 这个题很难。

13. 这个宾馆的南边有一个公园，奇怪的是，这张地图上把公园画在宾馆的北边了。
    ★ 宾馆旁边有个公园。

14. 我有一条小狗，和它在一起的时间越久，我越觉得它聪明、可爱。
    ★ 他不喜欢小狗。

15. 这个周末有个重要的会议，所以不能和你一起去看那个电影了，对不起，下周怎么样？
    ★ 他这个周末去看电影。

16. 你妈晚上和朋友们在外面吃饭，所以我们要自己做饭了，让我看看冰箱里有什么吃的。
    ★ 妈妈晚上不在家吃饭。

17. 客人马上就要来了，你去告诉李小姐先把房间里的空调打开，今天太热了。
    ★ 房间里很冷。

18. 这个房子真的很不错，厨房和洗手间都很大，房子后面还有一个小花园，像您这么喜欢小动物，有个花园会很方便。
    ★ 花园不大。

19. 这件事电话里讲不明白，我们还是见面说吧，一个小时后我到公司，你在办公室等我。
    ★ 他要去学校。

20. 这次比赛的新要求和需要注意的一些问题网上都有，你上网看一下，回去跟同学们也说一下。
    ★ 比赛要求有变化。

第三部分

一共 10 个题，每题听两次。

例如：男：小王，帮我开一下门，好吗？谢谢！
　　　女：没问题。您去超市了？买了这么多东西。
　　　问：男的想让小王做什么？

现在开始第 21 题：

21. 女：我发现，你现在很爱看新闻。
    男：我其实对新闻没兴趣，主要是想提高提高我的普通话水平。
    问：男的觉得自己的普通话怎么样？

22. 男：你最近比以前来得早了，搬家了？
    女：是啊，你不知道？我上个月就搬家了，走路十分钟就到。
    问：女的为什么来得早？

23. 女：您好，3260 号为您服务，请问您查哪儿？
    男：你好，请帮我查一下国家图书馆的电话，谢谢。
    问：男的在做什么？

24. 男：明天上午我们去看你爷爷，你作业写完了没？
    女：我今天一定能完成作业，相信我好了。
    问：他们哪天去爷爷家？

25. 女：您请坐，王校长正在开会，会议马上就结束了。
    男：谢谢。我问您一下，贵校有多少在读学生？一万？
    问：男的要找谁？

26. 男：别说话，你听，这是什么声音？
    女：你不知道？儿子昨天买了两只小鸟，一只红色的，一只黄色的。
    问：他们最可能是什么关系？

27. 女：新买的这种糖特别甜，很好吃，你吃一块儿？
    男：不，我已经刷牙了。
    问：男的为什么不吃糖？

28. 男：你这儿的环境很好，很安静。
    女：环境是不错，买东西也方便，附近就有超市，就是离地铁远。
    问：这儿离哪里近？

29. 女：我中午买了两箱苹果，你开车来接我吧。
    男：好，等一会儿下班后我给你打电话。
    问：女的想让男的做什么？

30. 男：您没去火车站？您的司机呢？
    女：他今天有点事，我叫了辆出租车，几分钟后就到楼下。
    问：女的打算怎么去火车站？

第四部分

一共10个题，每题听两次。

例如：女：晚饭做好了，准备吃饭了。
    男：等一会儿，比赛还有三分钟就结束了。
    女：快点儿吧，一起吃，菜冷了就不好吃了。
    男：你先吃，我马上就看完了。
    问：男的在做什么？

现在开始第31题：

31. 男：我给你开点儿药，这段时间注意休息，不要太累。
    女：好的，我会注意的。
    男：还有，咖啡和啤酒要少喝，不要吃羊肉和鱼。
    女：好，谢谢您。
    问：他们在哪里？

32. 女：哥，刘阿姨是不是生气了？
    男：没有啊。她只是鼻子有点儿不舒服。
    女：那就好，我以为她因为什么不高兴了。
    男：你不用那么客气。走，去看表演吧。
    问：刘阿姨怎么了？

33. 男：下个星期六我准备去爬山。
    女：你很长时间没锻炼身体了，要小心点儿。
    男：没关系，最近我不是开始跑步了吗？
    女：最近？你是从昨天才开始跑步的。
    问：关于男的，可以知道什么？

34. 女：请问，汉语词典在几层？
    男：在二层，二层右边。
    女：还有一个问题，我可以借几天呢？
    男：对不起，词典不借出的，只能在这儿用。
    问：女的应该去第几层？

35. 男：别吃了，你已经吃了三块儿蛋糕了。
    女：这是最后一块儿。
    男：你总是吃甜的东西，不怕变胖吗？
    女：你放心，我们家的人都很瘦，吃不胖，我也一样。
    问：关于女的，可以知道什么？

36. 女：别难过了，考试成绩不是最重要的。
    男：我的分数太低了。
    女：但是你努力了。你的问题是你对历史没兴趣。
    男：是，如果我喜欢历史跟我喜欢音乐一样该多好。
    问：他的历史成绩为什么不好？

37. 男：带上伞吧，天阴了，可能会下雨。
    女：知道了，我带着呢。
    男：伞还在桌子上呢，你别忘了。
    女：我拿的是那把黑色的，短的那把。
    问：女的拿了哪把伞？

38. 女：吃了午饭再走吧，我做两个菜，很快的。
    男：简单吃点儿面条儿就可以了。
    女：好，那我去做鸡蛋面，你先喝杯茶。
    男：要不要我帮忙啊？
    问：男的希望怎么样？

39. 男：你这次要离开多长时间？
    女：还没决定，一周或者两周吧。
    男：你这是第几次去那儿了？
    女：第三次。有什么事给我打电话、写电子邮件都可以。
    问：女的要出去多长时间？

40. 女：我明天穿什么衣服好？你帮我选选？
    男：你想穿裙子还是裤子？
    女：我想穿裙子，这条白色的怎么样？
    男：同意。那穿哪双鞋呢？
    问：他们在做什么？

听力考试现在结束。

H31002 卷答案

一、听力

第一部分

1. C 2. A 3. F 4. E 5. B
6. C 7. B 8. A 9. D 10. E

第二部分

11. × 12. √ 13. √ 14. × 15. ×
16. √ 17. × 18. √ 19. × 20. √

第三部分

21. B 22. A 23. C 24. A 25. B
26. C 27. C 28. B 29. B 30. A

第四部分

31. C 32. C 33. C 34. A 35. A
36. B 37. A 38. C 39. C 40. B

二、阅读

第一部分

41. A 42. C 43. D 44. F 45. B
46. B 47. E 48. A 49. C 50. D

第二部分

51. A 52. D 53. F 54. C 55. B
56. E 57. C 58. B 59. F 60. A

第三部分

61. A 62. A 63. B 64. A 65. A
66. B 67. C 68. B 69. B 70. C

三、书 写

第一部分

71．我们先看看菜单。
72．她忘了带护照。
73．这些葡萄很新鲜。
74．熊猫的眼睛和耳朵都是黑色的。
75．你敢不敢用冷水洗澡？

第二部分

76．人
77．太
78．个
79．云
80．文

新汉语水平考试
HSK（三级）

H31003

注　　意

一、HSK（三级）分三部分：

　　1. 听力（40题，约35分钟）

　　2. 阅读（30题，30分钟）

　　3. 书写（10题，15分钟）

二、听力结束后，有**5**分钟填写答题卡。

三、全部考试约90分钟（含考生填写个人信息时间5分钟）。

中国　北京　　　　　　　　国家汉办/孔子学院总部　编制

一、听力

第一部分

第1-5题

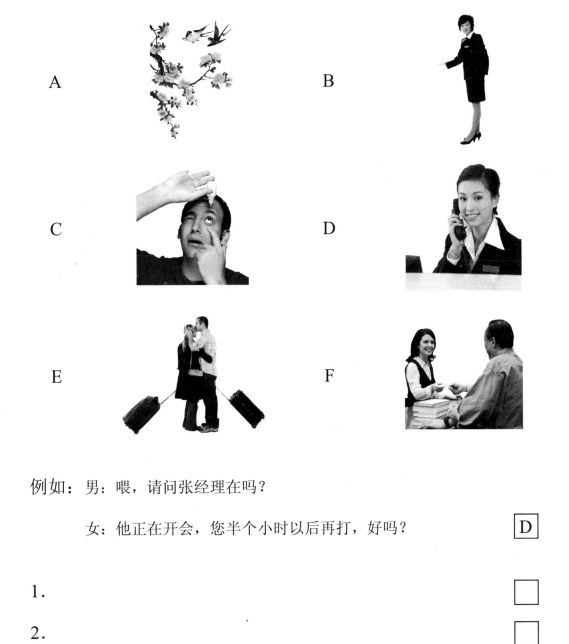

例如：男：喂，请问张经理在吗？

女：他正在开会，您半个小时以后再打，好吗？ D

1.

2.

3.

4.

5.

第 6-10 题

A　　　　　B

C　　　　　D

E

6.

7.

8.

9.

10.

第二部分

第 11-20 题

例如：为了让自己更健康，他每天都花一个小时去锻炼身体。

  ★ 他希望自己很健康。 （ ✓ ）

  今天我想早点儿回家。看了看手表，才 5 点。过了一会儿再看表，还是 5 点，我这才发现我的手表不走了。

  ★ 那块儿手表不是他的。 （ ✗ ）

11. ★ 冬天水果很便宜。 （   ）

12. ★ 他现在还不能打篮球。 （   ）

13. ★ 儿子比爸爸矮。 （   ）

14. ★ 八月十五的月亮大。 （   ）

15. ★ 他现在住在公司附近。 （   ）

16. ★ 女儿喜欢小狗。 （   ）

17. ★ 老李第一次坐船。 （   ）

18. ★ 他在黑板上画熊猫。 （   ）

19. ★ 他的成绩不错。 （   ）

20. ★ 高兴的时候不会哭。 （   ）

第三部分

第 21-30 题

例如：男：小王，帮我开一下门，好吗？谢谢！
　　　女：没问题。您去超市了？买了这么多东西。
　　　问：男的想让小王做什么？

　　　　　　A 开门　✓　　　　B 拿东西　　　　C 去超市买东西

21.　A 包　　　　　　　B 糖　　　　　　　C 自行车

22.　A 丈夫和妻子　　　B 校长和老师　　　C 客人和服务员

23.　A 完成作业　　　　B 打扫厨房　　　　C 玩儿游戏

24.　A 她不渴　　　　　B 咖啡太甜　　　　C 哪里都可以

25.　A 太胖了　　　　　B 太瘦了　　　　　C 太短了

26.　A 商场　　　　　　B 饭店　　　　　　C 电影院

27.　A 很生气　　　　　B 是经理　　　　　C 买了个照相机

28.　A 姐姐　　　　　　B 妹妹　　　　　　C 邻居

29.　A 很不错　　　　　B 有点儿旧　　　　C 不太干净

30.　A 喜欢音乐　　　　B 没什么爱好　　　C 男朋友影响了她

第 四 部 分

第 31-40 题

例如： 女：晚饭做好了，准备吃饭了。

男：等一会儿，比赛还有三分钟就结束了。

女：快点儿吧，一起吃，菜冷了就不好吃了。

男：你先吃，我马上就看完了。

问：男的在做什么？

       A 洗澡   B 吃饭   C 看电视 ✓

31. A 超市　　　　　B 银行　　　　　C 办公室

32. A 9：15　　　　B 9：45　　　　C 10：15

33. A 看不懂　　　　B 比较简单　　　C 很有意思

34. A 游客　　　　　B 出租车司机　　C 公共汽车司机

35. A 非常聪明　　　B 借了几本书　　C 想看历史书

36. A 一米八　　　　B 一米八一　　　C 一米八二

37. A 刷牙　　　　　B 回答问题　　　C 教学生数学

38. A 办公楼　　　　B 校医院　　　　C 图书馆

39. A 跳舞　　　　　B 照片　　　　　C 练习题

40. A 山高 900 米　　B 9月9日爬山　　C 山上有 9 个太阳

- 55 -

二、阅 读

第一部分

第41-45题

A 有不清楚的地方，大家可以问我。

B 遇到问题时不要太着急。我觉得李阿姨一定可以帮我们的忙。

C 晚上开车，来杯茶或者苹果汁吧。

D 图书馆里比较安静，我喜欢在那儿学习。

E 当然。我们先坐公共汽车，然后换地铁。

F 别看了，把电视关了吧，明天还要上班呢。

例如：你知道怎么去那儿吗？　　　　　　　　　　　　　　　（ E ）

41．她的习惯和我们不一样，她更愿意去教室。　　　　　　　（ 　 ）

42．菜点完了，你想喝点儿什么？啤酒？　　　　　　　　　　（ 　 ）

43．你有什么好办法吗？你快想想！　　　　　　　　　　　　（ 　 ）

44．马上，这个节目还有10分钟就结束了。　　　　　　　　　（ 　 ）

45．昨天课上讲的那些题，你们会做了吗？　　　　　　　　　（ 　 ）

第 46-50 题

A 已经都解决了,校长,您放心吧。

B 一起去踢足球,好不好?

C 冰箱里还有不少香蕉和葡萄呢。

D 小王没来?打他电话怎么一直没人接?

E 我们是经过同事介绍认识的,已经认识两年了。

46. 他女朋友比他大一岁,很可爱,而且很聪明。（　　）

47. 奶奶,家里是不是没水果了?（　　）

48. 上次会上说到的那些问题怎么样了?（　　）

49. 你等我一下,我去换一双鞋就来。（　　）

50. 他去火车站了,我刚才在电梯门口看见他了。（　　）

第二部分

第 51-55 题

A 简单　　B 举行　　C 像　　D 复习　　E 声音　　F 附近

例如：她说话的（ E ）多好听啊！

51．有些事情看上去很（　　），但要做好，其实不容易。

52．听张先生说，机场（　　）那个宾馆的环境不错。

53．那个会议要在我们学校（　　），所以老师们最近特别忙。

54．她和她妈妈长得真（　　）啊！

55．明天上午考数学，你（　　）得怎么样了？

第 56-60 题

A 终于　　B 普通话　　C 满意　　D 爱好　　E 骑　　F 一会儿

例如：A：你有什么（ D ）？

B：我喜欢体育。

56．A：怎么样，这房子您还（　　）吧？

B：很不错，但我还想看看其他的。

57．A：照片上（　　）马的这个人是你爸爸？

B：是的，那时他刚参加工作，很年轻。

58．A：儿子，快起床，外面天气非常好，我们出去跑跑步。

B：今天是周末，您让我再睡（　　）吧。

59．A：他的（　　）说得真好。

B：当然了，你不知道？他是北京人。

60．A：8年了，她（　　）同意跟我结婚了。

B：真的吗？太好了！我真为你高兴！

第三部分

第61-70题

例如：您是来参加今天会议的吗？您来早了一点儿，现在才8点半。您先进来坐吧。

★ 会议最可能几点开始？

A 8点　　　　　　B 8点半　　　　　　C 9点 ✓

61. 到了机场，他发现护照不见了，在行李箱里找了半天，也没找到，很着急。

★ 他为什么着急？

A 迟到了　　　　　B 忘记拿机票了　　　C 找不到护照了

62. 人们经常说："面包会有的，牛奶也会有的。"是的，如果努力，什么都会有的。

★ 这句话主要想告诉我们：

A 要相信别人　　　B 兴趣最重要　　　　C 努力才有希望

63. 上个星期和朋友们去游泳，把我累坏了，到现在我的腿还在疼。看来我是应该多锻炼锻炼了。

★ 他打算：

A 去医院　　　　　B 锻炼身体　　　　　C 下午去游泳

64. 越高的地方越冷，山路也越难走。但是不用担心，有我呢，我去年秋天爬过这个山，这儿我还是比较了解的。我饿了，我们先坐下来吃点儿饭、喝点儿水，然后再爬。一会儿我们可以从中间这条路上去。

★ 根据这段话，可以知道什么？

A 今天是阴天　　　B 现在是秋季　　　　C 他来过这儿

65. "6月的天，孩子的脸，说变就变。"刚才还是大晴天，现在就要用伞了。雨越下越大，天也变得越来越黑，街上一辆出租车也打不到了。

★ 6月的天气：

A 热极了　　　　　B 变化快　　　　　C 一般不下雨

66. 看书时会遇到一些历史上的人或者国家的名字，这些字现在很多都不用了，想要知道它们的读音和意思，还需要词典的帮助，所以有本词典很方便。

★ 看书时会遇到：

A 老朋友　　　　　B 不认识的字　　　C 爱好相同的人

67. 过去人们喜欢看报纸，现在越来越多的人喜欢在电脑上看新闻。除了看新闻，人们还可以在网上听歌、看电影、买卖东西。

★ 上网后，人们可以：

A 做米饭　　　　　B 坐地铁　　　　　C 买东西

68. 超市里一箱牛奶如果卖32.56元，也就是32块5角6分，那可能会带来许多不方便，因为现在人们的钱包里很少有"分"这么小的零钱。

★ 人们的钱包里很少有：

A 6分　　　　　　B 5角　　　　　　C 2元

69. 每天睡觉前，女儿总会要求妈妈给她讲一个故事，开始的时候她听得很认真，慢慢地就睡着了。

★ 根据这段话，女儿：

A 爱听故事　　　　B 变化很大　　　　C 害怕一个人睡觉

70. 那个地方很有名，蓝天，白云，绿草，很多人喜欢去那里旅游。我哥哥家就住在那儿，他们家旁边有一条小河，河边有高高的树，河里游着一种黄色的小鱼。

★ 那个地方怎么样？

A 经常刮风　　　　B 环境很好　　　　C 人们很热情

三、书 写

第 一 部 分

第 71-75 题

例如：小船　　上　　一　　河　　条　　有

　　　河上有一条小船。

71．送给　　她决定　　把手机　　弟弟

72．见面　　没　　我和这个学生　　很久　　了

73．经常　　的　　春天　　刮风　　这个城市

74．他的汉字　　写　　很漂亮　　得

75．花了　　叔叔的　　900块钱　　太阳镜

第二部分

第 76-80 题

例如：没（ 关^{guān} ）系，别难过，高兴点儿。

76．4（ 月^{yuè} ）7 号是我的生日，中午你们来我家吃饭吧。

77．看地图？很容易，上北、下南、左西、右东，明（ 白^{bai} ）了？

78．一（ 千^{qiān} ）万年前，动物们出现了吗？

79．外面下雪了，你让孩子路上小（ 心^{xīn} ）点儿。

80．生病了要注意休息，（ 因^{yīn} ）为健康最重要。

H31003 卷听力材料

（音乐，30 秒，渐弱）

大家好！欢迎参加 HSK（三级）考试。
大家好！欢迎参加 HSK（三级）考试。
大家好！欢迎参加 HSK（三级）考试。

HSK（三级）听力考试分四部分，共 40 题。
请大家注意，听力考试现在开始。

第一部分

一共 10 个题，每题听两次。

例如：男：喂，请问张经理在吗？
　　　女：他正在开会，您半个小时以后再打，好吗？

现在开始第 1 到 5 题：

1. 女：下了飞机，就给我来电话。
   男：好的。你到中国以后，自己照顾好自己。

2. 男：请问，二零四房间在哪儿？
   女：请这边走，前面左边第二个就是。

3. 女：眼药水用了吗？有作用没？
   男：有作用，现在眼睛已经不红了。

4. 男：这些书我可以借多长时间？
   女：一个月。如果看不完，可以再借一个月。

5. 女：这张画是你画的吗？
   男：是我爷爷画的，这是他的一张花鸟画。

现在开始第 6 到 10 题：

6. 男：你不舒服吗？要不要我带你去医院检查检查？
   女：没关系，我应该是感冒了，有点儿发烧。

7. 女：今天的鸡蛋面怎么样？
   男：很好吃，我吃饱了。我认为你做饭的水平越来越高了。

8. 男：欢迎你来公司工作。
   女：谢谢您！谢谢您给我这个机会，我会努力的。

9. 女：我马上就到，已经到楼下了。你好，一共多少钱？
   男：三十五块。

10. 男：小姐，这么长您看可以吗？
    女：再短一些吧。夏天到了，头发还是短一点儿好。

第二部分

一共10个题，每题听两次。

例如：为了让自己更健康，他每天都花一个小时去锻炼身体。
★ 他希望自己很健康。

今天我想早点儿回家。看了看手表，才五点。过了一会儿再看表，还是五点，我这才发现我的手表不走了。
★ 那块儿手表不是他的。

现在开始第11题：

11. 在这里，冬天的水果虽然比夏天的贵，但是很新鲜。
    ★ 冬天水果很便宜。

12. 太好了！他几乎不敢相信这是真的。医生说他很快就能像以前一样打篮球了。
    ★ 他现在还不能打篮球。

13. 儿子十七岁了，长得很快。去年买的裤子，现在已经不能穿了，现在他和他爸爸一样高了。
    ★ 儿子比爸爸矮。

14. 八月十五的晚上，月亮就像一个白色的大盘子，非常漂亮。中国人喜欢在这一天和家里人一起吃饭，一起看月亮。
    ★ 八月十五的月亮大。

15. 我搬家了。新的房子虽然小了点儿，但是离公司很近。
    ★ 他现在住在公司附近。

16. 我家有一只小猫，胖胖的，很可爱，女儿经常给它洗澡，特别喜欢和它在一起玩儿。
    ★ 女儿喜欢小狗。

17. 我看老李的脸色不太好，一问才知道他昨天晚上没睡好觉。他说，他第一次坐船，以为和坐车没什么不同，他现在明白了，差远了。
    ★ 老李第一次坐船。

18. 把椅子上的铅笔给我，谢谢。耳朵、鼻子都画完了，现在该画这只熊猫的脚了。
    ★ 他在黑板上画熊猫。

19. 早上，我在电子信箱里看到了我的成绩单，我的成绩比过去有了很大提高。今天一天我都很快乐。
    ★ 他的成绩不错。

20. 哭，不一定表示难过，有的人着急的时候会哭，有的人在高兴的时候也会哭。
    ★ 高兴的时候不会哭。

第三部分

一共 10 个题，每题听两次。

例如：男：小王，帮我开一下门，好吗？谢谢！
　　　女：没问题。您去超市了？买了这么多东西。
　　　问：男的想让小王做什么？

现在开始第 21 题：

21. 女：谢谢你送我的生日礼物！这个包我非常喜欢。
    男：不客气，祝你生日快乐！
    问：男的送什么礼物了？

22. 男：你好，我住六零七，房间里的空调坏了，你能来看看吗？
    女：好的，先生，对不起，我们马上找人来。
    问：他们最可能是什么关系？

23. 女：你回来就一直玩儿游戏，作业写完了吗？
    男：我在学校就写完了。
    问：男的正在做什么？

24. 男：奇怪，我记得这条街上有一个咖啡馆儿的。
    女：没关系，我们找个地方坐坐就行。
    问：女的是什么意思？

25. 女：这条裙子去年才买的，今年就不能穿了。
    男：你吃得太多，也不运动，可能又长十斤肉了吧？
    问：女的为什么不能穿那条裙子？

26. 男：帽子在几层呢？
    女：我看看，一层是家电，二层是衣帽，我们去二层。
    问：他们现在在哪儿？

27. 女：再见，一会儿你离开的时候记得关灯。
    男：好的，经理，明天见。
    问：关于女的，可以知道什么？

28. 男：姐，您做的蛋糕真好吃！
    女：洗手了吗？先去把手洗了，然后帮我拿碗筷，准备吃饭。
    问：蛋糕是谁做的？

29. 女：这件衬衫是很好，就是太贵了。
    男：那我再给您便宜五十块，怎么样？
    问：这件衬衫怎么样？

30. 男：你怎么突然开始关心体育了？
    女：我的男朋友喜欢看足球比赛，是他影响了我。
    问：女的主要是什么意思？

第四部分

一共10个题，每题听两次。

例如：女：晚饭做好了，准备吃饭了。
    男：等一会儿，比赛还有三分钟就结束了。
    女：快点儿吧，一起吃，菜冷了就不好吃了。
    男：你先吃，我马上就看完了。
    问：男的在做什么？

现在开始第31题：

31. 男：喂，请问小李在家吗？
    女：他出去了，请问您是哪位？
    男：我姓王，是他的同学。他什么时候回来？
    女：他去超市买点儿东西，可能十分钟就回来了。
    问：小李现在最可能在哪儿？

32. 女：我们这儿有个西瓜文化节，您有兴趣去看看吗？
    男：当然有兴趣了。
    女：我们可以一边吃西瓜一边看表演。
    男：好，现在差一刻十点，我们现在去？
    问：现在几点了？

33. 男：你把我的那本书放哪儿了？
    女：在桌子上吧。
    男：我要去还书，今天是最后一天，今天必须还。
    女：还了吧，那本书我也没看懂。
    问：女的觉得那本书怎么样？

34. 女：你好，我去世界公园。
    男：好的，没问题。
    女：从这儿到世界公园远吗？需要多长时间？
    男：不是很远，半个小时吧。
    问：男的是做什么的？

35. 男：你知道的怎么这么多，真聪明！
    女：那是因为我看的书多，读书使人聪明。
    男：那你对历史书也了解不少吧，给我介绍几本？
    女：明天吧？我给你写一个单子。
    问：关于女的，可以知道什么？

36. 女：小王，你现在有多高？
    男：一米八二。您儿子呢？他比我高？
    女：他可能比你低一点儿。
    男：那也有一米八，很高了。
    问：男的有多高？

37. 男：你叫什么名字？
    女：我叫李静。
    男：请坐，不用站着。你会回答刚才的那个问题吗？
    女：我觉得应该是新年。
    问：女的在做什么？

38. 女：图书馆在哪儿？
    男：我看看这张校园地图。
    女：图书馆，在这儿，在办公楼的下面。
    男：知道了，我们从办公楼向南走就是图书馆。
    问：他们要去哪儿？

39. 男：上次你们参加表演的照片，我选了几张洗出来了。
    女：太好了，我看看。
    男：照得不错，你们都是一个年级的？
    女：不是，这两个大笑的是二年级的，这个是我们班的。
    问：他们在说什么？

40. 女：这个山我来过很多次了，但还不知道它叫什么山。
    男：它叫"九日山"。
    女：为什么叫这个名字呢？
    男：以前，九月九人们都要来这儿爬山。
    问：它为什么被叫做"九日山"？

听力考试现在结束。

H31003 卷答案

一、听 力

第一部分

1. E 2. B 3. C 4. F 5. A
6. E 7. C 8. A 9. D 10. B

第二部分

11. × 12. √ 13. × 14. √ 15. √
16. × 17. √ 18. × 19. √ 20. ×

第三部分

21. A 22. C 23. C 24. C 25. A
26. A 27. B 28. A 29. A 30. C

第四部分

31. A 32. B 33. A 34. B 35. A
36. C 37. B 38. C 39. B 40. B

二、阅 读

第一部分

41. D 42. C 43. B 44. F 45. A
46. E 47. C 48. A 49. B 50. D

第二部分

51. A 52. F 53. B 54. C 55. D
56. C 57. E 58. F 59. B 60. A

第三部分

61. C 62. C 63. B 64. C 65. B
66. B 67. C 68. A 69. A 70. B

三、书 写

第一部分

71. 她决定把手机送给弟弟。
72. 我和这个学生很久没见面了。
73. 这个城市的春天经常刮风。
74. 他的汉字写得很漂亮。
75. 叔叔的太阳镜花了900块钱。

第二部分

76. 月
77. 白
78. 千
79. 心
80. 因

新汉语水平考试
HSK（三级）

H31004

注　意

一、HSK（三级）分三部分：

　　1. 听力（40题，约35分钟）

　　2. 阅读（30题，30分钟）

　　3. 书写（10题，15分钟）

二、听力结束后，有 **5** 分钟填写答题卡。

三、全部考试约 90 分钟（含考生填写个人信息时间 5 分钟）。

中国　北京　　　　　　　　国家汉办/孔子学院总部　编制

一、听 力

第一部分

第1-5题

A
B
C
D
E
F

例如：男：喂，请问张经理在吗？

女：他正在开会，您半个小时以后再打，好吗？　　D

1. ☐
2. ☐
3. ☐
4. ☐
5. ☐

第 6-10 题

A

B

C

D

E

6. ☐
7. ☐
8. ☐
9. ☐
10. ☐

第二部分

第 11-20 题

例如：为了让自己更健康，他每天都花一个小时去锻炼身体。

  ★ 他希望自己很健康。 (✓)

  今天我想早点儿回家。看了看手表，才 5 点。过了一会儿再看表，还是 5 点，我这才发现我的手表不走了。

  ★ 那块儿手表不是他的。 (✗)

11. ★ 他没带照相机。 (　)

12. ★ 外面下雪了。 (　)

13. ★ 邻居是位老人。 (　)

14. ★ 他喜欢喝牛奶。 (　)

15. ★ 路是人走出来的。 (　)

16. ★ 医生认为爸爸的耳朵没问题。 (　)

17. ★ 我和李先生是同学。 (　)

18. ★ 朋友生病了。 (　)

19. ★ 他正在打电话。 (　)

20. ★ 那儿的人习惯说左右。 (　)

第三部分

第21-30题

例如：男：小王，帮我开一下门，好吗？谢谢！
　　　女：没问题。您去超市了？买了这么多东西。
　　　问：男的想让小王做什么？

　　　　　　A 开门　✓　　　B 拿东西　　　C 去超市买东西

21.　　A 最近很忙　　　B 打算买车　　　C 参加工作了

22.　　A 去年夏天　　　B 去年冬天　　　C 上个周末

23.　　A 找手机　　　　B 他要结婚了　　C 他要去银行

24.　　A 街上　　　　　B 图书馆　　　　C 饭馆儿

25.　　A 不新鲜　　　　B 有点儿贵　　　C 比超市便宜

26.　　A 船长　　　　　B 老师　　　　　C 服务员

27.　　A 发烧了　　　　B 迟到了　　　　C 忘带机票了

28.　　A 医院　　　　　B 公司　　　　　C 学校

29.　　A 吃饱了　　　　B 想吃羊肉　　　C 不爱吃鱼

30.　　A 裙子　　　　　B 历史书　　　　C 汉语字典

第四部分

第 31-40 题

例如：女：晚饭做好了，准备吃饭了。

男：等一会儿，比赛还有三分钟就结束了。

女：快点儿吧，一起吃，菜冷了就不好吃了。

男：你先吃，我马上就看完了。

问：男的在做什么？

   A 洗澡   B 吃饭   C 看电视 ✓

31. A 弟弟   B 爷爷   C 叔叔和阿姨

32. A 教室   B 商店   C 飞机上

33. A 爬山   B 骑马   C 买帽子

34. A 黄色   B 蓝色   C 黑色

35. A 3角5分   B 3元5角   C 5元

36. A 照顾小狗   B 再买一只狗   C 经常打扫房间

37. A 西瓜吃完了   B 没有鸡蛋了   C 女的过生日

38. A 写了很多信   B 最近没工作   C 开了个文化公司

39. A 正在复习   B 明天没课   C 打算明天还书

40. A 解   B 谢   C 被

二、阅 读

第一部分

第 41-45 题

A 七个小矮人的故事，你听说过吗？

B 这双运动鞋是新买的？多少钱买的？

C 这位就是我的新男朋友。

D 一般吧，我们上个月才认识，只是普通朋友。

E 当然。我们先坐公共汽车，然后换地铁。

F 去洗洗手，准备碗筷，吃饭了，你妈妈呢？

例如：你知道怎么去那儿吗？ （ E ）

41．方便给我们介绍一下吗？他是谁啊？ （ ）

42．你和王小姐的关系怎么样？ （ ）

43．800多块，虽然比较贵，但穿着很舒服。 （ ）

44．她在看电视，我去叫她。 （ ）

45．小时候奶奶给我讲过，很有名。 （ ）

第 46-50 题

A 别担心,我坐出租车去,30 分钟就到学校了。

B 我们是去旅游,不是搬家,还是少拿一些吧。

C 没关系,我觉得你这样更可爱。健康才是最重要的。

D 你不是说给我带礼物了吗?是什么?让我看看。

E 我觉得这家宾馆还不错,你说呢?

46. 怎么办啊?我又胖了两公斤。　　　　　　　　　　(　)

47. 快点儿吧,再有一个小时就要考试了。　　　　　　(　)

48. 在行李箱里呢,我来拿,还是你自己去拿?　　　　(　)

49. 房间很干净,还能上网,那我们先住这儿吧。　　　(　)

50. 面包、水、地图都准备好了,我们还需要带什么?　(　)

第二部分

第51-55题

A 为了　　B 结束　　C 兴趣　　D 年轻　　E 声音　　F 检查

例如：她说话的（ E ）多好听啊！

51. 会议9点半能（　　）吗？外面有人找王经理。

52. 作业写完了要好好（　　）一下，注意别写错字。

53. 他从小就对电子游戏有（　　），长大后他选择了和游戏有关的工作。

54. 现在的（　　）人结婚越来越晚了。

55. （　　）更好地解决问题，必须提高自己的水平。

第 56-60 题

A 其实　　B 疼　　C 地方　　D 爱好　　E 要求　　F 教

例如：A：你有什么（ D ）？

B：我喜欢体育。

56．A：哥，刚才说的那个数学题怎么做啊？

B：很简单，我（　　）你。

57．A：你都很长时间没锻炼了，下午和我去爬山吧。

B：我昨天刚打了篮球，今天腿还（　　）呢。

58．A：比赛（　　）很简单，5分钟，谁踢进的球最多，谁就是第一。

B：明白了，可以开始了吗？

59．A：晚上在哪儿见面？

B：就上次我们去过的那个（　　），那儿附近有一家咖啡馆很安静。

60．A：你喜欢这种音乐节目？

B：（　　）我只想听听那些老歌。

第三部分

第 61-70 题

例如：您是来参加今天会议的吗？您来早了一点儿，现在才 8 点半。您先进来坐吧。

  ★ 会议最可能几点开始？

  A 8 点   B 8 点半   C 9 点 ✓

61. 喂？你在哪儿呢？你声音大一点儿好吗？我刚才没听清楚你在说什么。

  ★ 那个人的声音很：

  A 大   B 小   C 清楚

62. "笑一笑，十年少。"这是中国人常说的一句话，意思是笑的作用很大，笑一笑会让人年轻 10 岁。我们应该常笑，这样才能使自己年轻，不容易变老。

  ★ 根据这段话，可以知道：

  A 人应该快乐   B 笑能使人聪明   C 爱笑的人更认真

63. 每年秋季的 10 月 4 日，这个城市都会举行"啤酒节"，会有很多国家的人前来参加。啤酒节上，除了喝啤酒，这儿的歌舞表演更是让人难忘，你还会在这儿遇到很多名人。

  ★ 在啤酒节上：

  A 可以看电影   B 能看到表演   C 共有上千种啤酒

64. 中午看新闻了没？我很快就可以坐 15 号地铁了。15 号地铁经过我家附近，以后，我上班就方便多了，从我家到公司只要花 20 分钟，比坐公共汽车快多了。

  ★ 15 号地铁：

  A 离他家不远   B 车站有电梯   C 旁边有火车站

65. 新买的这个空调比以前那个旧的好多了，它的声音非常小，几乎没有声音，不会影响我们的学习和休息。

    ★ 新空调怎么样？

    A 用电少　　　　　B 声音很小　　　　　C 出现了问题

66. 你手中拿着一件东西不放时，你只有这一件东西，如果你愿意放开，你就有机会选择其他的。

    ★ 放开手中的东西，可以：

    A 更了解它　　　　B 有更多选择　　　　C 更相信自己

67. 猫和人不同，它们不怕黑，因为它们的眼睛在晚上更容易看清楚东西。我们家的那只猫就总是习惯白天睡觉，晚上出来走动。

    ★ 关于那只猫，可以知道什么？

    A 害怕晚上　　　　B 喜欢换环境　　　　C 喜欢白天休息

68. 茶是我的最爱，花茶、绿茶、红茶，我都喜欢，天冷了或者你工作累了的时候，喝杯热茶，真是舒服极了。

    ★ 关于他，可以知道：

    A 口渴了　　　　　B 没完成工作　　　　C 很喜欢喝茶

69. 你好，我今天早上才发现，昨天从你们这儿拿回去的衣服不是我的，衬衫和裤子都不是我的，这条裤子太长了，你帮我看一下，是谁拿错了。

    ★ 根据这段话，可以知道他：

    A 非常生气　　　　B 是卖衣服的　　　　C 拿错了衣服

70. 孩子在学会说话以前，就已经懂得了哭和笑，他们借这样的办法来告诉别人自己饿了、生气了、不舒服或者很高兴、很满意。慢慢大一点以后，他们就开始用一些简单的词语来表示自己的意思了。

    ★ 孩子笑可能表示：

    A 很难过　　　　　B 很好吃　　　　　　C 不想玩了

三、书 写

第一部分

第 71-75 题

例如：小船　　上　　一　　河　　条　　有

　　　河上有一条小船。

71．我的包　　药　　在　　里

72．接女朋友　　他　　去　　要　　机场

73．还　　你　　脚下的路　　长　　很

74．她　　用铅笔写字　　不　　喜欢

75．怎么了　　鼻子　　你　　的　　丈夫

第二部分

第 76-80 题

例如：没（ 关 guān ）系，别难过，高兴点儿。

76．洗（ 手 shǒu ）间就在电梯左边。

77．黑板上的这只鸟（ 是 shì ）谁画的？

78．今晚的月亮让他想（ 家 jiā ）了。

79．这边太热了，我们去树下坐一（ 会 huì ）儿吧。

80．草地上开着五颜六色的（ 花 huā ）儿。

H31004 卷听力材料

（音乐，30 秒，渐弱）

大家好！欢迎参加 HSK（三级）考试。
大家好！欢迎参加 HSK（三级）考试。
大家好！欢迎参加 HSK（三级）考试。

HSK（三级）听力考试分四部分，共 40 题。
请大家注意，听力考试现在开始。

第一部分

一共 10 个题，每题听两次。

例如：男：喂，请问张经理在吗？
　　　女：他正在开会，您半个小时以后再打，好吗？

现在开始第 1 到 5 题：

1. 女：我决定从今天开始每天跑一千米。
   男：真的吗？太阳从西边出来了？

2. 男：饭菜都做好了，把电脑关了吧？先吃饭。
   女：好的，我做完这个题马上就来。

3. 女：给我来一杯果汁吧，谢谢。
   男：不客气，冰箱里没有葡萄汁了，就喝这个吧。

4. 男：你的脸色不太好，又感冒了？
   女：是，我感冒都快一个星期了，还没好呢。

5. 女：你站近点儿，我看看，不错，很好。
   男：有变化吗？眼镜怎么样？

现在开始第 6 到 10 题：

6. 男：吃块儿糖吧？很好吃。
   女：不，我最近牙疼，不敢再吃甜的东西了。

7. 女：要练多久才能画得像你这么好？
   男：这不是时间的问题，主要是要有兴趣。

8. 男：你爬那么高做什么？小心点儿！
   女：没关系，厨房的灯坏了，我换个新的。

9. 女：你的电子邮件我已经看过了，我觉得你的办法是最好的。
   男：太好了！

10. 男：真为你高兴！希望你以后能有更大的成绩。
    女：谢谢老师！我一定会努力的。

第二部分

一共10个题，每题听两次。

例如：为了让自己更健康，他每天都花一个小时去锻炼身体。
   ★ 他希望自己很健康。

今天我想早点儿回家。看了看手表，才五点。过了一会儿再看表，还是五点，我这才发现我的手表不走了。
   ★ 那块儿手表不是他的。

现在开始第11题：

11. 春天来了，公园里的花儿都开了，如果带上照相机就好了。
    ★ 他没带照相机。

12. 外面风刮得特别大，很冷，你出去的时候多穿件衣服。带把伞吧？很可能会下雨。
    ★ 外面下雪了。

13. 邻居是一位年轻的医生，他很热情，喜欢帮助别人，所以大家有什么问题，都愿意请他帮忙。
    ★ 邻居是位老人。

14. 过去，他喜欢每天早上起床后，一边吃早饭，一边看报纸。现在，他没有这个习惯了，因为太忙了，没时间了。
    ★ 他喜欢喝牛奶。

15. 开始的时候，世界上没有路，走的人多了，也就有了路。
    ★ 路是人走出来的。

16. 最近,爸爸一直说耳朵疼。我带他去医院,但是医生说他的耳朵没问题,不用吃药,多喝些水就可以了。
    ★ 医生认为爸爸的耳朵没问题。

17. 我女儿和李先生的儿子在一个学校上学。他家孩子上四年级,我女儿上六年级。
    ★ 我和李先生是同学。

18. 人对人的影响是很大的,如果两个人是很好的朋友,他们可能很快就会有相同的爱好了。
    ★ 朋友生病了。

19. 喂,姐,我刚看见您的电话,刚才我去楼下接几位客人,没带手机。您找我什么事?
    ★ 他正在打电话。

20. 那里的人不习惯说东西南北,只说左或者右。我和同事们找司机问路,他们总是回答向左走或者向右走。
    ★ 那儿的人习惯说左右。

第三部分

一共 10 个题,每题听两次。

例如: 男: 小王,帮我开一下门,好吗?谢谢!
      女: 没问题。您去超市了?买了这么多东西。
      问: 男的想让小王做什么?

现在开始第 21 题:

21. 女: 你是坐地铁上班?
    男: 不,我骑自行车上班,天气不好的时候,我才坐地铁。
    问: 关于男的,可以知道什么?

22. 男: 你这张照片是什么时候照的,看上去跟现在不太一样。
    女: 去年夏天照的,那时比较瘦,而且是短头发。
    问: 照片是什么时候照的?

23. 女: 奇怪,我记得把手机放进包里了,怎么找不到了?
    男: 别着急,我给你打个电话,就知道在哪儿了。
    问: 男的为什么要给女的打电话?

24. 男：您好，您需要先看一下菜单吗？
    女：我在等一个朋友，过一会儿再点吧。
    问：他们最可能在哪里？

25. 女：你等一下，我们买几斤香蕉吧。
    男：还是买别的水果吧，这些香蕉像是放了很久了。
    问：男的觉得香蕉怎么样？

26. 男：你明天上午要去哪儿？
    女：我要带学生去动物园，去看大熊猫。你一起去？
    问：女的最可能是做什么的？

27. 女：你终于来了，都八点一刻了。
    男：对不起，来机场的路上才发现没带护照。
    问：男的怎么了？

28. 男：请问，校长办公室在哪儿？
    女：就在前面，左边第二个办公室。
    问：他们现在在哪儿？

29. 女：盘子里的蛋糕怎么没吃完啊，吃饱了吗？
    男：我不想吃了，刚才吃了很多米饭。
    问：男的是什么意思？

30. 男：明天是妹妹的生日，我给她买了本汉语字典。
    女：你怎么知道她在学汉语？我还以为你不关心她的学习呢。
    问：男的要送妹妹什么？

第四部分

一共10个题，每题听两次。

例如：女：晚饭做好了，准备吃饭了。
    男：等一会儿，比赛还有三分钟就结束了。
    女：快点儿吧，一起吃，菜冷了就不好吃了。
    男：你先吃，我马上就看完了。
    问：男的在做什么？

现在开始第31题：

31. 男：看一下手表，现在几点了？
    女：三点，零二。说三点半到，还差半个小时呢，再等等吧。
    男：叔叔和阿姨是第一次来北京，会不会走错路了？
    女：我再打个电话问问。
    问：他们在等谁？

32. 女：这椅子有点低，坐着不舒服。
    男：没关系，我们上三层去看看，那儿也有。
    女：还有桌子，我们也一起换了吧。
    男：同意。我们先看桌子椅子，然后再看看别的。
    问：他们最可能在哪儿？

33. 男：明天是晴天还是阴天？
    女：阴天，电视上说多云。怎么了？有事情？
    男：没事，我们班明天要去爬山。
    女：爬山的时候要小心点儿。
    问：男的第二天要做什么？

34. 女：咱们也买辆车吧？
    男：你怎么突然想起来买车了？
    女：有车会很方便。我们可以买辆十万左右的，买辆黄色的好不好？
    男：我觉得蓝色的好。
    问：女的想买哪种颜色的车？

35. 男：苹果多少钱一斤？
    女：三块五。您要多少？
    男：给我来五斤吧。
    女：好的。
    问：苹果多少钱一斤？

36. 女：我不在家这几天，你别忘了照顾好我们的小狗。
    男：好的，你放心吧。
    女：要记得给它吃饭和洗澡
    男：记住了，没问题。
    问：女的让男的做什么？

37. 男：祝你生日快乐！
    女：谢谢，谢谢。
    男：过生日要吃面条儿，这是我第一次做面条儿，看看好吃不好吃。
    女：一定很好吃。
    问：男的为什么要做面条儿？

38. 女：您妻子找到工作了吗？
    男：还没呢。离开学校后，这段时间她在家里休息。
    女：如果她愿意，欢迎她来我的公司工作。
    男：谢谢你！我回去就告诉她。
    问：关于他妻子，可以知道什么？

39. 男：小王，那两本书怎么样？
    女：很好看。我还在看，明天还你可以吗？
    男：不着急。我是说，我这儿还有几本，想看就找我。
    女：好的。再见，明天见。
    问：关于女的，可以知道什么？

40. 女：你好，你叫什么名字？
    男：我叫解北北。
    女：你姓什么？是谢谢的谢吗？
    男：不是，是了解的解，它做姓的时候读解。
    问：男的姓什么？

听力考试现在结束。

H31004卷答案

一、听力

第一部分

1. C 2. E 3. F 4. A 5. B
6. A 7. E 8. B 9. D 10. C

第二部分

11. √ 12. × 13. × 14. × 15. √
16. √ 17. × 18. × 19. √ 20. √

第三部分

21. C 22. A 23. A 24. C 25. A
26. B 27. B 28. C 29. A 30. C

第四部分

31. C 32. B 33. A 34. A 35. B
36. A 37. C 38. B 39. C 40. A

二、阅读

第一部分

41. C 42. D 43. B 44. F 45. A
46. C 47. A 48. D 49. E 50. B

第二部分

51. B 52. F 53. C 54. D 55. A
56. F 57. B 58. E 59. C 60. A

第三部分

61. B 62. A 63. B 64. A 65. B
66. B 67. C 68. C 69. C 70. B

三、书 写

第一部分

71. 药在我的包里。
72. 他要去机场接女朋友。
73. 你脚下的路还很长。
74. 她不喜欢用铅笔写字。
75. 你丈夫的鼻子怎么了？/ 你的丈夫鼻子怎么了？

第二部分

76. 手
77. 是
78. 家
79. 会
80. 花

新汉语水平考试
HSK（三级）

H31005

注　　意

一、HSK（三级）分三部分：

　　1. 听力（40题，约35分钟）

　　2. 阅读（30题，30分钟）

　　3. 书写（10题，15分钟）

二、听力结束后，有5分钟填写答题卡。

三、全部考试约90分钟（含考生填写个人信息时间5分钟）。

中国　北京　　　　　　　　国家汉办/孔子学院总部　编制

一、听 力

第一部分

第 1-5 题

A B

C D

E F

例如：男：喂，请问张经理在吗？

女：他正在开会，您半个小时以后再打，好吗？　　D

1. ☐

2. ☐

3. ☐

4. ☐

5. ☐

第 6-10 题

A

B

C

D

E

6.
7.
8.
9.
10.

第 二 部 分

第 11-20 题

例如：为了让自己更健康，他每天都花一个小时去锻炼身体。

  ★ 他希望自己很健康。 (✓)

  今天我想早点儿回家。看了看手表，才 5 点。过了一会儿再看表，还是 5 点，我这才发现我的手表不走了。

  ★ 那块儿手表不是他的。 (×)

11. ★ 他在准备晚饭。 (　　)

12. ★ 要认真听老师说的话。 (　　)

13. ★ 他已经把书还了。 (　　)

14. ★ 他害怕小动物。 (　　)

15. ★ 女儿的成绩提高了。 (　　)

16. ★ 他长得很高。 (　　)

17. ★ 北方和南方的天气不一样。 (　　)

18. ★ 他喜欢去公园读书。 (　　)

19. ★ 数学是他的爱好。 (　　)

20. ★ 手表不像以前那么重要了。 (　　)

第三部分

第 21-30 题

例如：男：小王，帮我开一下门，好吗？谢谢！
　　　女：没问题。您去超市了？买了这么多东西。
　　　问：男的想让小王做什么？

　　　　　　A 开门　✓　　　　B 拿东西　　　　C 去超市买东西

21.　A 要去刷牙　　　　B 不锻炼了　　　　C 现在起床

22.　A 回家　　　　　　B 银行　　　　　　C 图书馆

23.　A 打车　　　　　　B 骑车　　　　　　C 坐公共汽车

24.　A 同事　　　　　　B 邻居　　　　　　C 夫妻

25.　A 饭店　　　　　　B 办公室　　　　　C 火车站

26.　A 7：00　　　　　 B 9：30　　　　　　C 10：05

27.　A 爬山　　　　　　B 等电梯　　　　　C 做练习

28.　A 要去接人　　　　B 忘带护照了　　　C 要去拿行李箱

29.　A 很大　　　　　　B 很好吃　　　　　C 很便宜

30.　A 男的　　　　　　B 同学们　　　　　C 爷爷奶奶

第四部分

第 31-40 题

例如：女：晚饭做好了，准备吃饭了。

男：等一会儿，比赛还有三分钟就结束了。

女：快点儿吧，一起吃，菜冷了就不好吃了。

男：你先吃，我马上就看完了。

问：男的在做什么？

      A 洗澡　　　　　　B 吃饭　　　　　　C 看电视　✓

31.　A 他又饿了　　　　B 咖啡太甜了　　　C 女的应该在教室

32.　A 很有名　　　　　B 是校长　　　　　C 穿白衬衫

33.　A 最新的　　　　　B 普通的　　　　　C 蓝颜色的

34.　A 客人　　　　　　B 哥哥　　　　　　C 王小姐

35.　A 商店　　　　　　B 医院　　　　　　C 北京

36.　A 洗碗　　　　　　B 复习　　　　　　C 踢足球

37.　A 服务员　　　　　B 她妈妈　　　　　C 她的学生

38.　A 3张　　　　　　 B 8张　　　　　　 C 10张

39.　A 吃饱了　　　　　B 口渴了　　　　　C 不愿意变胖

40.　A 坏了　　　　　　B 该换了　　　　　C 放得太低了

二、阅 读

第一部分

第 41-45 题

A 问我吗？在报纸下面吧。

B 明天的考试要求带铅笔。

C 这么小就会写自己的名字了？真不简单。

D 你弟弟的工作怎么样了？

E 当然。我们先坐公共汽车，然后换地铁。

F 你这么忙，有时间去运动吗？

例如：你知道怎么去那儿吗？　　　　　　　　　　　　　　　(E)

41．我天天去游泳，你没发现我瘦了？　　　　　　　　　　　(　)

42．我丈夫给他介绍了一家电脑公司，但他还没决定去不去。　(　)

43．没问题，我昨天下午就准备好了。　　　　　　　　　　　(　)

44．大家都觉得他又聪明又可爱。　　　　　　　　　　　　　(　)

45．你看见我的眼镜了吗？又找不到了。　　　　　　　　　　(　)

第 46-50 题

A 你了解他吗？这么快就和他结婚了！

B 阿姨，那您买的时候花了多少钱？

C 你这条裙子是不是有点儿短？

D 不用客气了，你一会儿洗碗筷和盘子吧。

E 很近，就在这条街的后面。

46. 你相信吗？这把椅子去年春天卖 100 万。　　（ B ）

47. 真的？那我穿裤子好了。　　（ C ）

48. 第一次见面我就喜欢上他了。　　（ A ）

49. 你累了吧？休息一下，我来做饭。　　（ D ）

50. 你们上次去的那个饭馆儿离这儿远吗？　　（ E ）

第二部分

第 51-55 题

A 讲   B 绿   C 健康   D 习惯   E 声音   F 年级

例如：她说话的（ E ）多好听啊！

51. 蓝天，白云，（   ）树，那儿的环境真好。

52. 妹妹的孩子今年 7 岁了，应该上一（   ）了。

53. 有不懂的地方，就去查字典，这是一个比较好的学习（   ）。

54. 爸爸，您每天喝杯红葡萄酒，对（   ）很有帮助。

55. 跟以前比，我现在的普通话（   ）得好多了。

第 56-60 题

A 教   B 多么   C 河   D 爱好   E 满意   F 终于

例如：A：你有什么（ D ）？

B：我喜欢体育。

56．A：这是一个（　　）好的机会啊！你必须去。

B：一共只有两个月？那好吧。

57．A：地图上这儿有条（　　），怎么没看见啊？

B：你看错了，还在前面呢。

58．A：我画完了，您看看，（　　）吗？

B：好极了，你画得越来越好了。

59．A：你（　　）回来了，啤酒买了吗？

B：医生不让你喝酒吃肉。我买了些果汁和牛奶。

60．A：您做过哪些工作？

B：我以前是大学老师，主要（　　）东西方文化比较。

第三部分

第61-70题

例如：您是来参加今天会议的吗？您来早了一点儿，现在才8点半。您先进来坐吧。

　　★ 会议最可能几点开始？

　　A 8点　　　　　　B 8点半　　　　　　C 9点　✓

61. 不同的季节可以用不同的颜色来表示，我们用黄色表示秋季，那夏季呢？

　　★ 黄色常被用来表示：

　　A 春天　　　　　　B 秋天　　　　　　C 冬天

62. 2月14号早上，她正要去上班的时候，突然看到男朋友拿着鲜花站在门口。她这才明白今天是他们的节日。

　　★ 根据这段话，可以知道：

　　A 她那天迟到了　　B 男朋友很难过　　C 男朋友要送她花

63. 你的菜单里有水果饭吗？你想学着做水果饭吗？其实很简单，把米饭做好后，再把一块儿一块儿新鲜的水果放进去，水果饭就完成了。你可以做苹果饭，香蕉饭，如果你愿意，还可以做西瓜饭。

　　★ 水果饭：

　　A 不需要水　　　　B 很容易做　　　　C 是一种面包

64. 听说你下个星期就要离开北京回国了？我下星期不在北京，没办法去机场送你了，这个小熊猫送给你，欢迎你明年再到中国来。

　　★ 他为什么现在送礼物？

　　A 担心有变化　　　B 想学习汉语　　　C 下星期不在北京

65. 他在我生病的时候照顾过我，在我遇到问题的时候帮助过我，在我心中，他是我最好的朋友。

   ★ 我遇到问题时，他：

   A 非常生气　　　　B 身体不太好　　　　C 帮我解决问题

66. 中国有句老话，叫"有借有还，再借不难"，是说向别人借的东西，用完就要还回去，这样才能让别人相信你，下次还会借给你。

   ★ 借了别人的东西：

   A 要记得还　　　　B 要洗干净　　　　C 别用太长时间

67. 这辆车有上下两层，很多人都愿意坐上边那层，因为坐得高，眼睛看得远，一路上经过的地方，你都可以看得更清楚。

   ★ 关于这辆车，可以知道：

   A 司机很热情　　　　B 一共有两层　　　　C 下层不能坐人

68. 小王上午脸色不太好，同事们以为他病了，问他怎么了，他笑着回答说："昨晚看球赛，两点才睡觉。"

   ★ 小王昨天晚上：

   A 发烧了　　　　B 看比赛了　　　　C 看表演了

69. 没关系，她哭是因为刚才听到一个孩子在唱《月亮船》，这使她突然想起了很多过去的事情。

   ★ 她为什么哭？

   A 想起了过去　　　　B 鼻子不舒服　　　　C 不想说再见

70. 下班后我们一起去喝茶吧，就在公司旁边，30元一位，除了茶水，还送一些吃的。你那个朋友姓什么？我忘了，把他也叫上？

   ★ 那个茶馆儿怎么样？

   A 椅子很矮　　　　B 在花园里　　　　C 送吃的东西

三、书写

第一部分

第 71-75 题

例如：小船　　上　　一　　河　　条　　有

　　　河上有一条小船。

71. 黑色　　李小姐的头发　　是　　的

72. 时候　　举行　　会议　　什么

73. 努力　　学习　　很　　他们班的学生

74. 喜欢　　吃　　都　　马和羊　　草

75. 自己的　　腿脚　　老年人　　要　　关心

第二部分

第76-80题

例如：没（ 关^(guān) ）系，别难过，高兴点儿。

76．老师，黑板（ ^(zhōng) ）间的这个词是什么意思？

77．他不喜欢猫，也不喜欢狗，但他家有 3（ ^(zhī) ）小鸟。

78．明天星期（ ^(rì,) ），你作业写完没？还有几个题？

79．不是左边，我说的是（ ^(yòu) ）边的那个帽子。

80．你带钱了吗？我还差 3 角 5（ ^(fēn.) ）。

H31005 卷听力材料

（音乐，30秒，渐弱）

大家好！欢迎参加 HSK（三级）考试。
大家好！欢迎参加 HSK（三级）考试。
大家好！欢迎参加 HSK（三级）考试。

HSK（三级）听力考试分四部分，共 40 题。
请大家注意，听力考试现在开始。

第一部分

一共 10 个题，每题听两次。

例如：男：喂，请问张经理在吗？
　　　女：他正在开会，您半个小时以后再打，好吗？

现在开始第 1 到 5 题：

1. 女：我这是第一次听小李唱歌，他唱得真不错。
   男：唱歌和跳舞，他都是高水平。

2. 男：这是球赛结束后我们照的照片，你看照得怎么样？
   女：球赛？你参加足球比赛了？

3. 女：今天第一天上课，你觉得怎么样？
   男：很好，我喜欢这儿，谢谢您的关心。

4. 男：这个礼物真的是送给我的吗？
   女：当然了，祝你生日快乐！

5. 女：孩子总是一边听音乐一边看书，她能记住吗？
   男：没关系，年轻人都这样。

现在开始第 6 到 10 题：

6. 男：你想把这箱子搬到哪儿去？要我帮忙吗？
   女：不用，我把它放楼下就可以了。

7. 女：面条儿好了，你给姐姐打个电话，让她来一起吃吧。
   男：我正在打呢，但没有人接。

8. 男：我把需要注意的问题，都写在电子邮件里了。
   女：好的，我现在就看。

9. 女：这两双鞋，你觉得哪双更漂亮一些？
   女：都漂亮。你要是喜欢就两双都买。

10. 男：下车吧，我们到了，这就是我的公司。
    女：这么快就到了？我以为很远呢。

第二部分

一共10个题，每题听两次。

例如：为了让自己更健康，他每天都花一个小时去锻炼身体。
   ★ 他希望自己很健康。

   今天我想早点儿回家。看了看手表，才五点。过了一会儿再看表，还是五点，我这才发现我的手表不走了。
   ★ 那块儿手表不是他的。

现在开始第11题：

11. 帮我从冰箱里拿几个鸡蛋，今天晚上我们多做几个菜。
    ★ 他在准备晚饭。

12. 老师说话的时候，你要认真听，不要老是"一个耳朵进，一个耳朵出"。
    ★ 要认真听老师说的话。

13. 上周，我从学校图书馆里借了一本书。现在已经看完了，我打算明天去把它还了。
    ★ 他已经把书还了。

14. 到现在，我还清楚地记得，小时候，几乎每天都要看《动物世界》这个节目，看这个节目让我认识了很多动物。
    ★ 他害怕小动物。

15. 女儿最近天天上网玩游戏，影响了学习成绩，我和妻子都很头疼。
    ★ 女儿的成绩提高了。

16. 虽然我只有一米六三，但是我还是特别爱打篮球，而且打得很好。
    ★ 他长得很高。

17. 夏天的时候，人们喜欢到北方城市旅游，因为这时候北方不是很热；到了冬天，人们就比较喜欢到南方城市旅游，因为南方的冬天不会太冷。
    ★ 北方和南方的天气不一样。

18. 我家附近有个公园，我经常去公园的草地上看书，那儿人很少，非常安静。
    ★ 他喜欢去公园读书。

19. 在叔叔的影响下，我也对历史很有兴趣，看过很多历史书，知道不少历史故事。
    ★ 数学是他的爱好。

20. 以前人们用手表来看时间，手机出现后，人们发现用手机看时间也很方便，所以很多人不用手表了。
    ★ 手表不像以前那么重要了。

第三部分

一共 10 个题，每题听两次。

例如：男：小王，帮我开一下门，好吗？谢谢！
　　　女：没问题。您去超市了？买了这么多东西。
　　　问：男的想让小王做什么？

现在开始第 21 题：

21. 女：外面的风刮得特别大，你还出去跑步吗？
    男：不出去了，今天多睡一会儿。
    问：男的是什么意思？

22. 男：你要去哪儿？我让司机开车送你去吧。
    女：不用了，谢谢，我去国家图书馆，坐地铁很方便。
    问：女的要去哪儿？

23. 女：中午我去银行办点儿事，把你的自行车借我用用。
    男：我今天没骑车，打出租车来的。你再问问小李？
    问：男的今天是怎么来的？

24. 男：洗手间的灯怎么没关啊？
    女：儿子说要洗澡，他去拿换洗的衣服了。
    问：他们最可能是什么关系？

25. 女：先生您好，您现在点菜吗？
    男：我还有几个朋友，等他们来了以后再点。
    问：他们现在在哪儿？

26. 男：几点了？今天的会议几点开始？
    女：现在是九点一刻，再有十五分钟开始。
    问：会议几点开始？

27. 女：好了没？电梯来了，快一点儿。
    男：我马上就好。等等我。
    问：他们在做什么？

28. 男：喂，我已经下飞机了，我现在去拿行李箱。
    女：好的，别着急，我很快就到机场了，东边那个门口见。
    问：关于女的，可以知道什么？

29. 女：这条鱼真大，在哪儿买的？
    男：我从楼下超市买的，八斤多呢。
    问：女的觉得那条鱼怎么样？

30. 男：怎么样，最近好点儿了吗？
    女：医生说我很快就能出院了，放心吧。
    问：女的想让谁放心？

第四部分

一共10个题，每题听两次。

例如：女：晚饭做好了，准备吃饭了。
    男：等一会儿，比赛还有三分钟就结束了。
    女：快点儿吧，一起吃，菜冷了就不好吃了。
    男：你先吃，我马上就看完了。
    问：男的在做什么？

现在开始第31题：

31. 男：真奇怪，你怎么在这里喝咖啡呢？
    女：在这儿喝咖啡很奇怪吗？
    男：我刚才看见你在教室里。
    女：不可能，你一定看错了，我上午一直在这儿。
    问：男的为什么觉得奇怪？

32. 女：今天你穿哪件衬衫？
    男：白色的。如果公司事情多，我可能要晚一点儿回来。
    女：知道了。下雪了，路上开车一定要小心。
    男：别为我担心了，我会开得很慢的。
    问：关于男的，可以知道什么？

33. 男：这个相机可以吗？
    女：一般。那个蓝色的比较好，你说呢？
    男：那个太贵，我们再看看其他的吧。
    女：贵吗？才三千块，就买那个吧。
    问：女的希望买哪种照相机？

34. 女：经理，您的信。
    男：先放我桌子上吧。客人几点到？
    女：他们已经到宾馆了，半个小时后到公司。
    男：好的，等他们到了就告诉我。
    问：男的在等谁？

35. 男：你的感冒还没好？
    女：没呢，吃了些药也不起作用。
    男：有一个星期了吧？这么久了，你去医院看一下吧。
    女：是，我打算星期六去看看。
    问：女的星期六要去哪里？

36. 女：洗碗还是打扫房间，你选择哪一个？
    男：让我想一想，我，洗碗。
    女：好，那现在请你去厨房吧。
    男：你让我看完体育新闻再去洗，好不好？
    问：男的选择了什么？

37. 男：刚才还是大太阳，这会儿就下雨了。
    女：是，这天气一会儿晴一会儿阴的。
    男：你怎么知道带雨伞？
    女：早上我妈把它放我包里了。
    问：谁把雨伞放包里的？

38. 女：电影票多少钱一张？
    男：八十。
    女：好，我买三张。
    男：对不起，您要买几点的？
    问：女的要买几张电影票？

39. 男：经常吃甜的东西容易变胖。
    女：我同意，所以我不吃糖。
    男：那你怎么还敢吃那么多蛋糕？
    女：没关系，这种蛋糕不甜，没放糖。
    问：女的为什么不吃糖？

40. 女：你听一下，这是什么声音？
    男：像是空调的声音？
    女：是不是坏了？应该找人检查一下了。
    男：这个周末我们去买个新的吧，这个空调太旧了。
    问：男的认为空调怎么了？

听力考试现在结束。

H31005 卷答案

一、听 力

第一部分

1. F 2. A 3. B 4. C 5. E
6. B 7. D 8. C 9. E 10. A

第二部分

11. √ 12. √ 13. × 14. × 15. ×
16. × 17. √ 18. √ 19. × 20. √

第三部分

21. B 22. C 23. A 24. C 25. A
26. B 27. B 28. A 29. A 30. A

第四部分

31. C 32. C 33. C 34. A 35. B
36. A 37. B 38. A 39. C 40. B

二、阅 读

第一部分

41. F 42. D 43. B 44. C 45. A
46. B 47. C 48. A 49. D 50. E

第二部分

51. B 52. F 53. D 54. C 55. A
56. B 57. C 58. E 59. F 60. A

第三部分

61. B 62. C 63. B 64. C 65. C
66. A 67. B 68. B 69. A 70. C

三、书写

第一部分

71. 李小姐的头发是黑色的。
72. 会议什么时候举行？/ 什么时候举行会议？
73. 他们班的学生学习很努力。
74. 马和羊都喜欢吃草。
75. 老年人要关心自己的腿脚。

第二部分

76. 中
77. 只
78. 日
79. 右
80. 分

责任编辑：韩　颖
封面设计：王天义
印刷监制：佟汉冬

图书在版编目（CIP）数据

新汉语水平考试真题集 HSK 三级 / 国家汉办 / 孔子学院总部
编 . —北京：华语教学出版社，2010
　ISBN 978-7-5138-0006-8

　Ⅰ.①新…　Ⅱ.①国…　②孔…　Ⅲ.①汉语—对外汉语教
学—水平考试—真题　Ⅳ.① H195.4-44

中国版本图书馆 CIP 数据核字（2010）第 183547 号

本图书全球总经销为：五洲汉风教育科技（北京）有限公司，联系电话：0086-10-82302345

新汉语水平考试真题集 HSK 三级

国家汉办 / 孔子学院总部　编制
*
© 华语教学出版社
华语教学出版社出版
（中国百万庄大街 24 号 邮政编码 100037）
电话：(86)-68320585
传真：(86)-68326333
网址：www.sinolingua.com.cn
电子信箱：hyjx@sinolingua.com.cn
三河市金元印装有限公司印刷
2010 年（16 开）第一版
ISBN 978-7-5138-0006-8
定价：60.00 元